U0052867

世界哲學家叢書

楠 本 端 山

岡 田 武 彥 著
馬 安 東 譯

1991

東 大 圖 書 公 司 印 行

國立中央圖書館出版品預行編目資料

楠本端山／岡田武彦著;馬安東譯.--
初版.--臺北市:東大出版:三民
總經銷,民80
　　　　　面;　　　公分,--(世界哲學
家叢書)
參考書目:面
含索引
ISBN 957-19-1312-X(精裝)
ISBN 957-19-1313-8 (平裝)

　　1.楠本端山-學識-哲學
783.1871　　　　　　　　　80001859

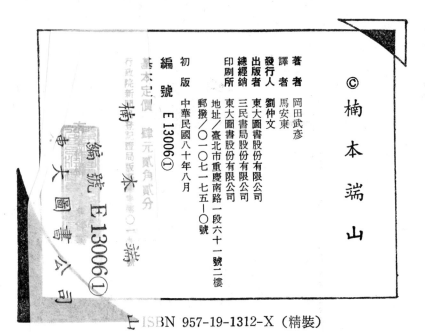

© 楠本端山

著　者　岡田武彦
譯　者　馬安東
發行人　劉仲文
出版者　東大圖書股份有限公司
總經銷　三民書局股份有限公司
印刷所　東大圖書股份有限公司
地址／臺北市重慶南路一段六十一號二樓
郵撥／〇一〇七一七五一〇號
初版　中華民國八十年八月
編　號　E 13006①
基本定價　肆元貳角貳分
行政院新聞局登記證局版臺業字第〇一九七號

編號 E 13006①
東大圖書公司

ISBN 957-19-1312-X (精裝)

《世界哲學家叢書》總序

　　本叢書的出版計劃原先出於三民書局董事長劉振強先生多年來的構想，曾先向政通提出，並希望我們兩人共同負責主編工作。一九八四年二月底，偉勳應邀訪問香港中文大學哲學系，三月中旬順道來臺，卽與政通拜訪劉先生，在三民書局二樓辦公室商談有關叢書出版的初步計劃。我們十分贊同劉先生的構想，認為此套叢書（預計百冊以上）如能順利完成，當是學術文化出版事業的一大創舉與突破，也就當場答應劉先生的誠懇邀請，共同擔任叢書主編。兩人私下也為叢書的計劃討論多次，擬定了「撰稿細則」，以求各書可循的統一規格，尤其在內容上特別要求各書必須包括 (1) 原哲學思想家的生平；(2) 時代背景與社會環境；(3) 思想傳承與改造；(4) 思想特徵及其獨創性；(5) 歷史地位；(6) 對後世的影響（包括歷代對他的評價），以及(7) 思想的現代意義。

　　作為叢書主編，我們都了解到，以目前極有限的財源、人力與時間，要去完成多達三、四百冊的大規模而齊全的叢書，根本是不可能的事。光就人力一點來說，少數教授學者由於個人的某些困難（如筆債太多之類），不克參加；因此我們曾對較有餘力的簽約作者，暗示過繼續邀請他們多撰一兩本書的可能性。遺憾

的是，　此刻在政治上整個中國仍然處於「一分爲二」的艱苦狀
態，加上馬列教條的種種限制，我們不可能邀請大陸學者參與撰
寫工作。不過到目前爲此，我們已經獲得八十位以上海內外的學
者精英全力支持，包括臺灣、香港、新加坡、澳洲、美國、西德
與加拿大七個地區；難得的是，更包括了日本與大韓民國好多位
名流學者加入叢書作者的陣容，增加不少叢書的國際光彩。韓國
的國際退溪學會也在定期月刊《退溪學界消息》鄭重推薦叢書兩
次，我們藉此機會表示謝意。

　　原則上，本叢書應該包括古今中外所有著名的哲學思想家，
但是除了財源問題之外也有人才不足的實際困難。就西方哲學來
說，一大半作者的專長與興趣都集中在現代哲學部門，反映着我
們在近代哲學的專門人才不太充足。再就東方哲學而言，印度哲
學部門很難找到適當的專家與作者；至於貫穿整個亞洲思想文化
的佛教部門，在中、韓兩國的佛教思想家方面雖有十位左右的作
者參加，日本佛教與印度佛教方面卻仍近乎空白。人才與作者最
多的是在儒家思想家這個部門，包括中、韓、日三國的儒學發展
在內，最能令人滿意。總之，我們尋找叢書作者所遭遇到的這些
困難，對於我們有一學術研究的重要啟示（或不如說是警號）：
我們在印度思想、日本佛教以及西方哲學方面至今仍無高度的研
究成果，我們必須早日設法彌補這些方面的人才缺失，以便提高
我們的學術水平。相比之下，鄰邦日本一百多年來已造就了東西
方哲學幾乎每一部門的專家學者，　足資借鏡，　有待我們迎頭趕
上。

　　以儒、道、佛三家爲主的中國哲學，可以說是傳統中國思
想與文化的本有根基，有待我們經過一番批判的繼承與創造的發

展，重新提高它在世界哲學應有的地位。爲了解決此一時代課題，我們實有必要重新比較中國哲學與（包括西方與日、韓、印等東方國家在內的）外國哲學的優劣長短，從中設法開闢一條合乎未來中國所需求的哲學理路。我們衷心盼望，本叢書將有助於讀者對此時代課題的深切關注與反思，且有助於中外哲學之間更進一步的交流與會通。

最後，我們應該強調，中國目前雖仍處於「一分爲二」的政治局面，但是海峽兩岸的每一知識份子都應具有「文化中國」的共識共認，爲了祖國傳統思想與文化的繼往開來承擔一份責任，這也是我們主編《世界哲學家叢書》的一大旨趣。

傅偉勳　韋政通

一九八六年五月四日

自　序

　　筆者得到《端山遺書》，準確地說是昭和三十年以前的事情，那是恩師、端山的孫子、原九大教授楠本正繼博士贈送給我的，自那時起，我就被深潛、透徹的端山思想所征服了。當時對恩師的感激之情，現在仍難以忘懷。因為那時我正在研究明末大儒高忠憲、劉念臺等新朱王學者的思想，所以有助於對端山思想的理解。在幕末維新時代，日本有名的朱王學者大約有十位左右，他們都受到了明末大儒的影響，在那動盪不安的年代裏，從事著以深刻的體認為本的學問研究。這些學者在日本思想史上的地位本來是應該大書特書的，但不幸的是，除了其中的一二位，其餘的都未被史家所重視。我想，原因有兩個：一個是在背景上由於對明末思想有資料和理解方面的困難，所以幾乎沒有作研究；另一個是，與中國的史家不同，日本的史家在對哲學思想之本質的深刻理解上以及其價值取捨上，有點欠缺。可以毫不過分地說，在幕末維新的大儒當中，端山的思想以其深潛縝密而雄據於世。端山還是一位偉大的政治家，在幕末維新的動盪年代，平戶藩安泰無事，就是得助於他的努力。端山的靜坐體認之學，不僅在其政治、外交、交友活動以及詩文、出處進退中表現了出來，而且還貫通在他的日常生活中，這只要讀一讀他的《遺書》

就一目瞭然了。筆者曾以〈端山的思想〉爲題寫過一篇論文，當時的京大教授西谷啟二氏讀了此文後，在給我的恩師的私信中寫道：

> 我對「隨分透徹」這一問題在地方上被認眞思考而感到驚喜。如果這個問題能在各地得到同樣的介紹，我想日本的精神史也許會有別的面貌。……

楠本端山

目次

第一章　西海二程子

明治時期的陽明學者三島中洲讀《端山遺書》後，發感想而吟詩如下：

尊崇宋學極精研
一卷遺書歷世傳
西海二程名不負
伯如明道叔伊川

這裏所說的西海二程，即是平戶藩儒的楠本端山、碩水兄弟倆。彼二人學風性情，與首倡宋學即性命之學、性理之學的宋代程明道、伊川兩兄弟十分相似，且亦共排其時之訓詁詞章之學而以深深之體認為旨，以期獲致復興聖學（正學）。凡此種種，無不使人思及二程子當年之所為。

明治維新前後，除去此二人外，還可舉出大橋訥菴、吉村秋陽、池田草菴、東澤瀉、以及吉田松陰、佐久間象山等人。不算吉田松陰和佐久間象山，其他幾位或為講學之友或為師弟關係，同係欲信奉朱子學或陽明學，排斥記誦文辭之學及佛教或西洋學，尊崇國體而拯救時世。而且，他們都接受了明末清初時期的

諸儒，特別是高忠憲和劉念臺等人的影響，以深深之體認之學爲根本，給當時的思想界注入了新的生氣。他們所說的聖學，並非以知曉經典書籍之意義而告終結，而是視其與己之眞正的生命相關連，且是左右時世之命脈的存在的。明末清初的朱子學、陽明學，因彼等之努力，再次在我國放出了光彩。及至清代，朱子學、陽明學其地位逐漸爲考證學所取代。在我國，明治以後卽爲文明開化之時代，此亦謂是遇及衰運，並及至今日。因此，上舉諸儒之中，有不少人慨嘆時世之推移，「吾獨行道」而全孤節，在寂寞之中度過晚年又辭世而去了。

或許是因端山、碩水係西海之儒者，後世所識其者甚少。但在當時，作爲朱子學者、崎門（山崎闇齋學派）學者，在思想界之地位是極具份量的。尤以端山之學在深潛縝密之上，可謂首屈一指。如欲高度評價程明道之高見、高忠憲之靜深、崎門之深造自得，此自不可言其爲虛評的吧！明治以後，端山這樣的以深深之體認爲旨的儒者雖曾遭人忘懷，迄近年止，知端山、碩水之偉大的亦不是無有人在。隨筆家、小說家的吉田絃次郎卽爲其中一人。他在昭和十四年一月十二日的東京《朝日新聞》上寫下了這麼一段文字：

在大村彎頭有一座小島叫針尾島。據稱明治三十年代大阪朝日以明治之大儒介紹過楠本碩水。碩水先生，吾之友人於明治四十年前後曾見過他，當時先生留著上盤式的武士頭。端山先生係碩水先生之兄長，爲平戶藩之儒臣，較碩水先生更偉大，是一位呈西鄉、三條、岩倉以意見書，不爲世之所容而隱棲針尾島的君子。明治十六年歿。端山先

主還在佐藤一齋之門時，曾遊月松島於嘉永四年八月，八月九日的日記中卽記有在那須田原上遇著被裝在竹轎籠中的囚犯的內容。「數百步間，前連後接，數之卽達二十有七人。」接踵而來的竹轎籠中均裝有囚犯，都是些流放佐渡金山的犯人。一旦被流放至佐渡，此生大都不可能再來娑婆了。端山先生寫道：「許是役卒之人，多中金氣，累極而斃。聞得赦而及生還者無十之一二。故甚是淒然也。」這也許正是在那須田野中一遊子看到押往佐渡之囚犯而發之實際感受吧！

此外，吉田先生在《人生遍路》（昭和十五年發行）中，也對端山進行了介紹。在赤沼三郎氏的小說《菅沼貞風》中，則記下了端山給為著修得山鹿軍學而拜訪平戶的吉田松陰，講述在修軍學之同時應修陽明學，而促其奮起的事。書中還寫道，在討幕回天大業中十分活躍的高杉晉作、坂本龍馬、桂小五郎、西鄉南洲等人，亦曾暗叩端山之門求教於端山。而南洲則對意欲參加西南之役而奔趨其膝上的平戶藩七、稻垣滿次郎和浦敬一勸道：歸平戶而師事端山。下面這段文字，卽是勸說一段：

生當做大事。青年不可如吾等死於隱居之下。需以大人或老人為踏腳之臺極力高伸其身。（中略）如若有吾以上之人，當有責任師事其人而志在創大日本。或問有此等人否？多矣。騷世間未必真偉大。無騷隱居之人中有真達觀時代趨向而靜慮之十分傑出之人物。吾等之身近處卽有一人，乃平戶也。以為誰？楠本端山先生是也。（中略）吾等之

先生也。（中略）故鄉有此等仁者何以於薩摩急死矣。可
叩吾等敬慕之先生門以立日本百年之計。必成超吾等之上
之人。

這本小說的主人公菅沼貞風，即是端山門下之弟子。雖聽說
這篇小說是依據有關資料寫成的，但以現有資料看，有些地方是
頗難獲得確證的。然端山與桂之交僅係面識而已一事，依與桂有
過交往的某人之子孫所傳，大體上是明確的（楠本正繼博士口
授）。而松陰在遊學平戶時曾有訪問針尾島的端山之計畫，未及
實現，後在江戶兩人見的面。此事可從嘉永四年七月之落款的松
陰寫給葉山鎧軒（平戶藩家老）的書翰（《松陰全集》卷8）中
得知。信中寫道：「論議現尙未深，以後會有期而分別。」這裏
雖有「論議現尙未深」字樣，即使有些論議，以松陰之學風推
察，端山之深藏自得處松陰亦不得理解的吧!

至於南洲與端山之關係，容待後敍。

端山，名確藏，後改爲後覺。此後覺之名，據稱是因端山
之師佐藤一齋命名所得。字伯曉，通稱定（丈）太夫。端山乃
號。初曾號巴山或葉山。端山有兄弟五人。端山爲長子，次子慶
四郎、老三謙三郎、老四猪吉、老五藤重。端山文政十一年
（1828）一月十五日，作爲其父忠次右衛門的長子誕生在針尾島
（佐世保市）。夫人爲近藤氏，名燕，字小燕，號紉蘭。雖生有
二男三女，但男兒均夭折，故端山以偏房迎娶了莊司氏，遂有了
一男正翼。莊司氏名玖瑪，係平戶藩士莊司辰太郎之妹，即桂窻
夫人。

次男慶四郎，名富教，後稱鼎二郎，又改爲寶鼎。字有孚，

後改爲玉弦。號梅窗、節齋，出楠本家而嗣山田家。天保元年（1830）五月二日生。老三謙三郎，名孚嘉，字吉甫，號碩水，後又號天逸。離自家而嗣佐佐家，但後又復舊姓。天保三年（1832）正月二日生，大正五年（1916）八十五歲歿。老四猪吉，名廣伸，後改爲準平。字子屈，後改爲直道。號蠖齋，後又號訊菴、松陽。天保六年（1835）七月十日生。老五藤重，天保十一年（1840）生。幼時卽聰穎過人，且又努力鑽研學問，人稱麟麒兄，但不幸於九歲時夭折。

　　端山幾位兄弟中，以端山和碩水最出名。如前所述，兩人被稱作「西海二程」。碩水十六歲時成爲藩的學生員，其後又晉升爲教授，再轉爲近侍，任小納戶頭。明治維新後得平戶藩主心月公之推舉而爲貢士，進物頭班而往京都，獲朝廷任命而爲會計官租稅司判事，終又爲大學的漢學講官，任少博士。大學廢止之後，他返回平戶老家，卽於針尾山中結茅屋隱居。其時端山也辭官回鄉在家，兩人遂同建鳳鳴書院給門人講學。端山自幼以立於人下爲恥，一心讀書。他曾遊於廣瀨淡窗、草場佩川、木下韡村門下學習詩文，後又師事江戶的佐藤一齋。歸西之後，謁肥後的月田蒙齋以質所學。碩水與當時的名儒金子霜山、春日潛菴、大橋訥菴、吉村秋陽、斐山文子、東澤瀉、池田草菴、尼崎修齋、小笠原敬齋相交，尤與敬齋投機，互以知己相許（楠本海山著《碩水傳》）。彼二人學風相似，且氣象、議論之表現亦相近。於平戶藩興程朱學者乃端山其人；創崎門學者則係碩水。碩水傾向於崎門學，是在自修齋處聽得崎門學之後。爾後端山亦歸在崎門之下。雖如此，端山兄弟於崎門之神道，仍是不甚了了的。兩人同以程朱學爲宗而奉崎門，學風亦相似，然就其各異之點而言，碩

水身上有著與其它崎門儒者相同的、崎門特有的宗教般的熱情，
又強調名分，而端山身上這種傾向倒是不多的。

　　楠本家據說是楠公的子孫。世代在針尾島生憩以農爲業。享
保十三年（1728）卒的小右衛門之時，始仕平戶侯而成里正，而
丈助時又成馬廻。丈助係小右衛門之曾孫，爲端山祖父。天保六
年（1836）卒，端山其時八歲。楠本家自端山祖父一代起似家產
急增，好像還曾獻納給平戶藩小銃。端山的父親忠次右衛門是丈
助的末子，名祇伴，號養齋，享和元年（1801）六月九日生，安
政元年（1854）十月二十四日五十四歲時卒。彼繼父之後而成馬
廻，曾依藩命在浪華三年。用心於諸兒之教育，仕役浪華時，爲
彼等出資甚多，以用於購買大量的書籍，讓彼等讀書。據說，及
至晚年，其書籍之數已達十櫃之多。嘉永三年他辭官返家，其後
常乘小舟而遊於煙波之間，與老漁夫或閑鷗相交，過著悠閑自得
的生活，五十一歲時患疾靜坐一室之中而厭於接人待物，偶依杖
出家外曬太陽與人談笑，興致所至處津津而無盡，聽其言者又大
得其獲。

　　夫人中倉氏，生有五個男孩。

　　關於祇伴，端山在《自著年譜》中談及父親的人品及風範如
下：

　　　祖考爲人溫和之長者也。余幼猶識其音容，多髯低眉，皓
　　　首頹然，言如不能出於口者。而性儉約，常戒妄費。教覺
　　　罩者，切切口未嘗離儉也。蓋創造之人，大都無不出於此
　　　者，余至今銘心肝。

　　端山之父養齋公卒於安政元年，端山二十七歲時；端山撰墓表如下：

　　養齋楠本君墓表

　　君諱祇伴，楠本氏，稱忠次右衛門，別號養齋。肥前杵岐郡人，相傳先世出楠判官。曾祖稱塚右衛門，祖稱忠助，世業農。考諱安長，稱丈助，妣川島氏，四男二女，君其季子也。丈助君仕平戶，爲騎士官計司，俸祿十石。君年二十八，復襲其職，恂恂奉事恪勤，朝夕有年於兹矣。嘉永三年庚戌冬致仕，年僅五十，娶中倉氏，有五男，長卽後覺也，次曰富教，次曰孚嘉，次曰準平，次夭殁。君生於享和元年丁酉六月九日，卒於安政元年甲寅十月二十七日，享壽五十有四。以其二十九日葬於針尾村先塋之次。

　　　　　　　　　　　　　孝男後覺泣血稽顙記

　　端山之子正翼，字君翔，號海山，舊號晦堂。海山喪其父端山於明治十六年（1883）十一歲時，其後在母（端山之妻）近藤氏娘家自近藤畏齋學得句讀，後又訪桑名的崎門學者秋山罷齋而受教誨，且不絕書問。但主要仍是受其叔父碩水之指導而達至成一家的。海山之學係純粹之朱子學，特點是強記精到，一字不忽。據傳，岡彪爲海山未曾留下語錄而不勝惋惜。他溫良敦厚，爲鄉里人所敬重，其待人之善及人之所依的形象，在子女心中留下了不可磨滅的記憶。海山一生以在野之人而終，但他「三世之書香，滿堂宇」（岡彪村詩句），且歷楠本家三代而努力之宋明

學有關書籍之蒐集，也負海山之力處甚多。晚年患疾之後，更親定了詩文集《鳶魚齋詩文》。且錄數首於下：

　　　立　春
吟情不復擁山爐，梅信已來郊一隅。
天外飛鴻亦多事，聲聲相伴上歸途。

　　　夏　日
孤筇攀上翠微巔，幾處蟬聲夕照天。
幽趣半生人識少，興來聊且石頭眠。

　　　秋　夜
風過林間氣轉清，滿懷涼味適吟情。
秋光一色江村月，臥聽家家春麥聲。

　　　詩文構成代序跋　錄一首
病入膏肓回復難，半生事業筆研寒。
舊篇錄去真堪笑，僅有詩文一卷殘。

第二章　遊學平戶

　　端山在針尾島呱呱落地，　時文政十一年（1828）正月十五日。這一年發生了希波爾特事件（譯者注：Philipp Franz von Siebold, 1796-1866；德國醫生、博物學家，江戶時代後期作爲設於長崎出島的荷蘭東印度會社商館所屬醫生來日，培養了衆多的蘭學者。1828 年歸國時，　欲携國家禁止之地圖出境遭發覺，　本人被驅逐出境外，其門生多受處罰，此謂希波爾特事件）。其時外國船頻頻出沒於日本近海，旱魃引發之欠收相繼，各地均有農民起義發生。大鹽平八郎發事起亂，係端山出生後七年的事。針尾島雖屬小島，然若登山頂一望，大村、佐世保兩灣均在眼下，也是山清水秀之地。這座小島，因端山、碩水兩碩儒出而一躍聞名於世。西村天囚曾訪此地於大正年間，其時作詩如下：

　　　四山環翠水如油
　　　一棹似爲湖上游
　　　爭得分身峯頭望
　　　詩中人物畫中舟

　　天囚是沿水路訪探針尾島的，此地眞是詩人墨客一吟一畫不

肯失卻良機的好去處。碩水在世時的長崎領事余元眉亦在訪針尾島與碩水親切相交又論學問，歸崎之後作一詩贈碩水，詩曰：

> 崎陽三載度芳辰
> 自愧天涯歷碌人
> 遙憶樹雲針尾島
> 梅花莊裏有長春

另外，據端山的〈觀梅記〉（《端山遺書》卷 3）看，端山好梅，住屋周圍種有許多梅樹。晚年每逢梅花開時，邃日夜逍遙其中，悠然自得。他有一段話，就是表述這一心境的：

> 余在此際，畫則逐香，夜則蹈影，徘徊婆娑，身與樹體，心與花化。觀造化之流行，忘世累之紛忙。性情幽閒，塵妄銷散，精神寂定，真機融會。

端山愛梅，邃慕宋代林和靖其人其風，愛明代高青邱之詩句自是順理成章的了。而他本人，不正是有著他所喜愛的梅花那種高潔隱逸之趣般的風貌氣象的嗎？曾拜訪過端山的肥前儒者西鼓岳談及端山之風貌時詠道：「君身秀徹玉玲瓏，外貌如斯必自中」。

端山之號，原取自村里之名。因其里原先俗寫作葉山，故曾號葉山。依匯集了碩水語錄的《過庭餘聞》（碩水令嗣楠本正脩氏編）看，端山遊學江戶時，自市川三亥處得了寫有「巴山村舍」幾個字的小匾，其時端山似曾將號改成了巴山。號端山，則

是那以後的事了。至於碩水之號，則係碩水邸之下有小川流過，俗寫作砅水，意爲「多水」，碩水之號遂因之而得。

讀端山《自著年譜》可知，他小兒時好着禮服玩耍。眞是天生的純精端莊。據說，端山身材肥大，多鬚，遠而望之嚴然可畏，然近而接之又溫然氣象現於顏。

按《自著年譜》看，端山開始讀書認字，是在十一歲時習「四書」時。但此事半途而廢，及至十三歲與弟弟們共隨鄉師修學業起，遂自覺努力於學問的。端山之父養齋與其兄嘉一兵衛卽嚴齋共謀，招相浦的七種春衛至岳田鄉，命端山、嚴齋之養子近藤畏齋從學於其。

十五歲時，端山入平戶佐佐鵲巢門下，始學作詩作文之法。當時在平戶，對鄉村來的人是極爲輕蔑的，但對端山，人們卻都是另眼相待的（〈端山墓碑〉）。

平戶藩自藩主靜山公時起卽學問極盛，公自身亦爲篤學之人，且著有《甲子夜話》等。藩校維新館之設立，亦係於公爲藩主之時。藩校是於安永八年（1779）設立的，天明三年（1783）又新建學舍，倂上揭「壹岐國學」之匾，開講之始，卽由靜山公親講《大學》，天明四年（1784）又立聖像，以大勵學問。首任教授爲白石澹菴（1751-1822），繼之平田節齋、淺野鶉菴、縣綠香、佐佐鵲巢均在此執教（《平戶藩史考》）。

端山爲修學而往平戶時，正值鶉菴（1791-1849）作盟主頻開詩會之期。鵲巢雖也爲詩會之一員，卻因身體有病而時常缺席。端山常常出席詩會。鶉菴待人溫良恭謙，與人相和，嗜酒又喜與人談笑。其學不依師傳，勤奮刻苦自成一家之風。經義喜古注疏，詩文始學徂徠派公道雞山，後又以明代李、王爲宗，常評宋

人之詩曰「小刀細工」，誹其織巧。誨人而終日不知其倦，乞其教者自羣羣然而集。據稱有《鶉菴遺稿》留世。端山曾作〈輓鶉菴先生〉（《未刊草稿》）。

關於端山之師鵲巢，端山寫有題爲〈謁鵲巢先生墓〉（《未刊草稿》）一詩。《碩水先生餘稿》中有〈鵲巢先生傳〉，而《過庭餘聞》中有涉及鵲巢事者一、二處，由此而可知一大概。

如前所述，端山雖曾師事鵲巢，亦祇不過學詩文之法而已。藩儒中與端山關係最爲密切者，則是旣是藩主之師傅又是家老的葉山鎧軒。鎧軒名高行，字孝卿，稱左內，號鎧軒、壺邱。他曾仕靜山、觀中、心月三公，以重臣之身分參與藩的內政外交，治績頗豐。成爲家老，則是在觀中公時，且時時上疏直言又多爲採納（寫本《鎧軒遺稿》）。天保六年（1835）奉命爲大阪藩邸詰，供職二年四個月。因此前後二年有餘在大阪供職時，其中間正值大鹽平八郎揭救民之義旗舉兵的天保八年。天保大饑饉時，他努力救濟窮民，整理藉地，治績甚佳。其時，日本內有饑饉兵亂，外有異艦外船之出沒。平戶藩因地處扼九州咽喉要害，海防自是不可有一日鬆懈的。故鎧軒著書力說國防之要義及與之相應的內政之要務（同前書），如《邊備摘案》、《儲保軌鑑》。《邊備摘案》之草稿是否失之於火災，葉山家未見有傳，但在遺稿記有將手稿本贈與萩藩舊知的內容。而《儲保軌鑑》於文久元年在平戶出版。現存鎧軒詩中憂慮國防的甚多。讀都人《馭夷論疏》而作的五絕十首，均係吐露此類心情的。鎧軒還是位精通兵法的儒學家，晚年他曾吟道：

點虜潛狙神國際

聖時應補廟堂籌

古稀加五無疲倦

也是赤松黃石流

以古稀又有五之老軀，提兵法而欲任國防，其氣概自此詩中亦可窺得一二吧！

平戶藩兵學尤盛，其時海防又是紛紛議論之題。究其原因，一是此地有山鹿兵學正統之傳，又傳有既是以復古學爲旨的儒學家，又是砲術大家的坂本天山的砲術。山鹿兵學，由素行嗣子萬助帶來平戶，而其末裔代代居平戶清水川且傳之。鎧軒時有山鹿萬助高紹，鎧軒與高紹同爲當時最通山鹿兵學之人，其名在他藩亦高。故吉田松陰爲著獲得兵學之眞髓，於嘉永三年奉藩命而來平戶藩，滯留五十餘日謁鎧軒，隨高紹而修兵學（《藩史考》）。松陰與鎧軒其後往復書翰相交頗親。

鎧軒所著除上列之外，還有《杞憂》和《漢譯夜船閑話》。前者似是論處時世之政治要道之文，草場珮川見此寄詩，鎧軒亦有詩相和。後者乃白隱《夜船閑話》之漢譯，爲供繙閱之便而作的（《遺稿》）。大體上講，鎧軒所見的《夜船閑話》，原係碩水訪肥後之僧蘇山時得贈之物，鎧軒讀之視如珍寶，而漢譯成之的（《過庭餘聞》）。其序文現收於遺稿之中，草稿則和《杞憂》草稿一道大約都失之於火災了。

鎧軒依藩命曾入林門，隨一齋修學。依遺稿看，此乃文政八、九年前後之事，也是端山出生前數年的事。鎧軒詩文固巧，卻也不是單以文辭爲事的。故他不是以吟詩卽隨心所欲求高逸自怡者爲儒家之本分，而以借此體得道體，涵養德性，發而至成

政，爲托幼君持節爲己任的。下面兩首，即是其心境之寫照：

> 唐室元臣各拔羣，蚤令房杜致青雲。
> 遭逢別有文貞在，報得英明不在君。

> 德業誰能足托孤，世間多是斗筲徒。
> 龍潛蠖屈人安在，時務從來不在儒。

詩中「龍潛」，乃龍潛地中之事，得雲而上天。「蠖屈」，乃尺蠖蟲屈身之事，但終將伸展身軀。此乃《易》中之句，謂隱世之英才，一旦時來則大得志於天下。而鎧軒終究有否發掘出此等有爲之青年呢?

第三章　遊學江戶

端山之父養齋，天保十四年（1843）受藩命而赴任大阪，弘化三年（1846）五月，任期結束返歸平戶。是年端山初就官務而入計司局，時年十九歲。嘉永元年（1848）二十一歲時，他曾遊肥後、豊後、筑前、佐賀。在肥後曾訪澤村西陂與欟村某等。西陂係一齋之門人，人稱西海奇男子，是一位怪癖甚多的儒學家。與一齋高足吉村秋陽相交甚親，秋陽爲彼寫有〈墓誌銘〉（《讀我書樓遺稿》卷 2）。在豊後曾謁廣瀨淡窻，並逗留十日左右後又訪筑前的陽明學家吉田平陽，且由此而往佐賀謁草場珮川。淡窻於思想方面雖不深奧嚴密，卻巧於詩文，人稱「西海詩聖」；且又行富於創新的教育，在其門下學習者多達四千餘人。平陽是師事一齋的儒學家。珮川則是程朱學家，毋寧說以詩文書畫聞名於世。端山見著珮川時其已六十一歲，及至端山歸西時贈詩二首。詩曰:

西道約君爲主人，風帆破浪幾年春。
探奇第一鄭森蹟，請且誘我千里濱。

春花披拂薄香浦，夜色朦朧生月洲。

　　想羡此中歸興遍，詩魂相邅去悠悠。

　　端山二月出發四月歸鄉，寫有紀行文《鞋韈日曆》，此書今散佚已不得而見。

　　繼端山之後碩水亦踏上旅途，拜訪了佩川及淡窻等人。碩水與端山不同，因身分較低，故遊各地而與諸儒相會。此亦壯年時代之事，三十九歲引退針尾之後，遂專以講學爲事，由是而熟人甚多。碩水得以增補《道學淵源錄》，其資料之蒐集亦多得助於眾多友人。端山、碩水雖都見到了淡窻、佩川，但自此二人處似乎並未得到甚麼。

　　端山嘉永三年(1850)二十三歲時，因父親曾致仕而嗣家祿，然於翌年卽依藩命，開始從學於江戶的一齋門下了。這位來自鄉村的一介之士的端山，得受如此榮耀之特命，係因家老葉山鎧軒之推薦。鎧軒視端山爲「潛龍屈螻」之人物而囑望其將來，深愛其才。端山遊學之際，鎧軒贈端山〈送序〉。在這〈送序〉可見當時鎧軒多麼爲端山的品德、才識、勤學所動心，且〈送序〉中還寫有推薦端山的理由。稱：吾身雖從學一齋，然至今仍未「入室」，曾身居繁職於學業自無以專念，鎧軒以此爲憾，遂使端山隨一齋體得學門之本旨，並寄大望於端山在歸藩後，一新流於文辭記誦的藩內學風。端山後得藩主巨大信任而爲師傅，參與藩政之中心運籌，此亦可說得力於鎧軒處甚多。鎧軒卒於元治元年(1864)，時端山三十七歲，正是端山輔佐藩主處理內外政局最忙的時期。

　　本來，平戶藩與一齋家關係不深。如前所述靜山公以來，藩主三代一貫而師事一齋，至心月公，廢藩置縣後一齋的嗣子立

軒，亦使其居住於江戶邸內求教的。由此，遊學江戶而入一齋門下的平戶藩士甚多。然究其學，未有「入室」之類者。因此，鎧軒寄厚望於端山自是順理成章的了。青年時的端山，通讀經史子集，以博識廣聞爲旨，又喜作詩，其時基本上專於記誦文辭之學。他知道這種學問是空疎的，是在遊學江戶之後。

第四章　立志聖學

　　端山入一齋門下是年多天，爲祝其師一齋八十歲壽辰，一齋
的高足吉村秋陽來到了江戶。端山從吉村處聽到了關於性命之學
的講授深爲感動，對己迄今誤從記誦文辭的學問方式不勝後悔。
端山年輕時寫了許多詩文，個中不乏大作。文好司馬子長、韓昌
黎，但沒有特以爲宗者。據碩水言，端山長篇大作之詩不恥古人
（〈端山墓碑〉）。端山會秋陽而排文辭之學，但並不因此而就
排斥作詩文的。他以爲，詩文之根本，在於命意（主意）。命意
之根本在於學問。故學問之正邪大大相關於命意。因此，如不以
聖人之正學而得正確之命意，詩文亦將陷入程子等所排斥之訓詁
異端之學中去了。端山以正學養命意且吟其於詩，詩作有多出
色，不妨一讀他三十歲時所作〈田園雜興〉、〈十月〉、〈多
至〉、〈多夜讀書〉、〈閑適〉（《端山遺書》卷1），卽可得
知一、二了。且錄如下：

　　　田園雜興

　　蕭蕭霜後霽，青青麥苗抽。天澈飛鳶衝，淵澄躍魚浮。
　　一臥南山下，歲月獨悠悠。扶病出柴戶，薄言涉林丘。
　　撫松愛寒景，顧影寡侶儔。心澹澹於水，身閑閑似鷗。

渾忘位外事，到處儘優游。超然多自得，植杖觀川流。

（《遺書》卷1）

十　月

陰窮陽未復，萬物皆歸根。雲影淡平野，日光凝九天。
閉蟄深屏息，潛鱗伏無痕。誰言靜更靜，休道玄又玄。
卓哉無極翁，此際契心傳。只這須默會，妙理不容言。
由來無徵兆，庖犧未畫前。　　　　　　　　（同上）

冬　至

地下陽初復，萬籟猶寂然。寂中已含感，感處認天眞。
天眞要認得，原來是渾淪。攖之則怵惕，命名謂之仁。
當此南至日，先王曾閉關。微陽易傷折，須養又須存。
存養已深厚，泉達而火然。馴致桃李節，好看爛縵春。
　　　　　　　　　　　　　　　　　　　　（同上）

冬夜讀書

讀書孤燈下，燈明照古今。紛紛千萬語，樞要提一心。
源流自虞廷，聖聖相承蘗。軻死絕微言，寂寞不得接。
誰哉千載下，緬焉纘緒餘。陰窮陽乃復，巍巍出程朱。
遺經仰思間，妙契不傳學。居敬固其基，窮理致其覺。
高風垂宗旨，炳若如日星。異端弁毫忽，咀嚼極至精。
讀罷慨浩嘆，誰克知斯味。俯仰猶未眠，寒月下天際。
　　　　　　　　　　　　　　　　　　　　（同上）

閒　適

閒因宿病閒，適因心和適。柴門設雀羅，顧言愛孤寂。
火紅煮藥鐺，梅白探花展。水光澹有痕，雲影銷無色。
自喜逢太平，知分守愚直。逍遙與點也，澄然洞胸臆。
時止而時行，安貞介於石。寄語營營者，慾海奈易涸。

（同上）

垂釣亦何意，勿助又忽忘。細風吹我袂，箇中味自長。
扁舟小於芥，山高夕陽孤。魚來求我餌，我莫敢求魚。
片月氣清冷，來照吾歸襟。浩然宇宙外，貫徹乎古今。
夜明潮自流，乘流棹片舟。隨處有素位，位外無所求。
曉雲霜滿地，映水鳥自飛。孤帆無風力，順流趁山移。

（同上）

　　端山來到江戶初謁秋陽時曾出示來遊途中所作一卷詩，以求
批正。秋陽讀此而認端山有詩才（《自著年譜》）。秋陽如池田
草菴所言，在當時尊崇性理學的儒學家中，他的文章是首屈一指
的（〈致林良齋書簡〉）。彼在訪江戶的佐藤一齋途中，曾在京
都訪賴山陽而共論文章，山陽惜其文才，意欲留其在京都。秋陽
年輕時努力於記誦之學，喜詞章，每作文章既反復推敲惟盡細小
周密而後已。晚年則是不涉虛飾變得樸實無華了。他也是在年輕
時好記誦詞章，中年以後悔此而轉志向於性命之學、心性之學
的。總而言之，能得到秋陽這等人物對詩才的認可、贊賞，端山
詩才之秀已是可知了。

　　秋陽所說的「性命之學」，其內容是什麼呢？在秋陽致但馬

的池田草菴一封書簡中有下面一段文字，從中卽可知其槪要了。

> 性命之學自是聖門眞正之血脈，如何去學事關重大，以此
> 生弊害。總而言之，意在專一於實地鍛鍊，議論大是應做
> 好的。然祇讀習古人之出色議論，不知何時其論卽會成爲
> 自身之一部，遂終於下視他人，是非古之賢人，其之實，
> 乃是僅記住古人之出色議論，而絲毫未得實在。平生力求
> 不以他人之實飾己之顏，以使一生不致枉過，私以爲此爲
> 於學問極重要之問題。

經秋陽而知聖學之要旨的端山深悔己之舊學所非，自是年秋
起自號「悔堂」，且作〈悔堂記〉（《未刊草稿》）示秋陽。文
如下：

> 悔堂記
> 凡人莫不有過焉，過而能改，可漸至於道矣，其能改者何
> 也，出於悔也，蓋悔所以進德也耳。古之困知勉行，數踣
> 而數起，日新而不止者，與夫孤臣孼子，委頓沮喪，薦遇
> 逆境，益勵而不惰者，無不出於悔而成乎改者。故其德日
> 就月將，終可以上達於天人之理，下致倫常之極矣。嘗無
> 不成於此者矣，蓋人心清淨無爲，寂然不動者猶水也，及
> 其接物也，爲情爲慾，猶波浪因風而起也。唯其爲情爲
> 慾，而善惡從焉，其感於正者，斯爲善矣，其誇於外者，
> 斯爲惡矣，其間不能容髮也。物未格也，知未致也；或欲
> 格致，而未至極也。故爲情爲慾者，猶未悉善也，於是乎

悔生焉，斯可以漸至於道矣。或曰：「知悔而不能改者，間有之如何？」余曰：「是不可謂知悔，何則悔也者，痛責自咎，如進退維谷，無所容身，而後能悔，不然非悔也，自安耳。」余今春受命學於一齋先生之門，羈旅艱苦，且遭逆境亦多，於是出於悔成乎改者，固所庶幾也，遂自號而自警焉。

嘉永四年辛亥仲秋望記

秋陽閱此又作〈悔堂說〉（《讀我書樓遺稿》卷2）贈端山，再敘聖學要旨，望端山好好修得真髓。

秋陽翌年春為往家鄉的藝州而離江戶，其時端山贈有〈送序〉（《未刊草稿》）。從中可以看出，端山以實踐躬行為旨，而排斥了當世的口誦技藝之儒學。並且，也為隨其父秋陽歸鄉里的斐山贈送了〈送序〉，端山寫道：高談心性而不作實地工夫的儒學之罪，較之公然倡導記誦辭章的更重，宋儒所謂心性之存養、氣質之變化等等，惟日用人倫之上的、卑近又切實的工夫才是得道體而得聖賢之道的，並謂此乃秋陽先生之教誨。

是年，端山曾聽一齋高足大橋訥菴的講學，見訥菴學深行高，更是感動，不覺發言道：「不遇斯人，此生枉過」，其後遂一心一意努力於修得性命之學。那麼訥菴所說的聖學，又有些什麼樣的內容呢？在端山返回平戶之後訥菴寫給端山的書簡中可看出，訥菴所說的性理之學，即是最好地轉達了聖學之消息的。而且端山此時較之聽訥菴講學又接觸秋陽更為感動，惟勇往直前精進聖學，其時之心境是可想像的了。信中寫道：

總之，說及此學，非豪傑且又係聖賢者則不達。志者伊
尹，工夫者顏子，兼備此兩者難也，無此等人倒是實情。
貴兄等近年人稱前途無量，言抑或失禮但吾以爲需加倍努
力，此事最爲重要。稍注意內省工夫之人學問上卽爲散
漫，它缺乏精密研究之弊病；而意向精密研究之人，歸支
離而失統一，不得悟一理貫通之妙處。由是，故可視眞正
學問之不明。（中略）性理之學不貴多讀，而精讀，是應
擇周程張朱四子書中之重要部分，百數十遍，反復熟讀，
更積體驗之工夫，思索再三，待自深夢中猛醒過來時來
到，悟道之本體之事自是無以置疑的。在此之上再讀上述
數子之書，卽可如刃之所向事物均可解決之。

　　端山受秋陽、訥菴之學的影響而有志於聖學，但事實上訥菴
給端山的影響比之秋陽還要大。因此，在寫給秋陽的高足東澤的
書簡中，也有「惟訥菴先生處有吾道，壁立東方而萬仞。故以爲
其前途無量」的文字。
　　如前所述，端山遊一齋門時，與其說是一齋莫如說是聽一齋
門生的秋陽、訥菴的講學而有志於聖學的。一齋自是一世大儒，
但其時已入老齡，要指導端山這樣向學意氣旺盛的青年，已是力
不從心。且作爲諸侯之師身無寸暇，必是無暇於新入門生，未及
諄諄垂教的。依寫給胞弟梅窻的端山書簡看，一齋塾已漸向衰
落，門生弟子亦接二連三退塾而去了。
　　一齋表面上說朱子學，而內地裏卻信奉陽明學，是所謂陽朱
陰王的儒學家，是一位汲藤原惺窩之流、朱陸、朱王折衷此學風
的人物。其學與彼門下眾人卽秋陽、訥菴、端山、碩水以及草

菴、澤瀉等相比，於深切、緻密、透徹上也不是無甚不及的。在
這幾點上前列諸儒長一齋一步，則是彼等充分攝取受用了明末清
初的切實體之學所致，然時代畢竟是時代，也許是不得不以通
過深深的內面性體驗及至純至誠之實踐而獲得的體認之學為要的
吧！

彼等好讀明末清初之儒家書籍，而其時此類書籍又難到手。
例如《高子遺書》、《劉子全書》等在當時都是珍本。依《過庭
餘聞》看，《高子遺書》其時係澤村西陂、池田草菴、春日潛菴
所藏，而端山則是命碩水手抄西陂所藏本的。此書昌平黌也有，
但似為抄本。依訥菴寫給端山的書翰看，訥菴亦自當時居住在江
戶的端山手中借來此書手抄的。信中還記有得知端山在歸藩途中
於大阪購得《陳幾亭集》，而不勝羨慕之類的文字。《王文成公
全書》等在當時似亦為極難到手之書，甚至連以陸王學為宗的草
菴，據說都是在明治八年才讀到此書的。以此推看，當時一般儒
學家關於宋明學問的論說，大約都是以《宋元學案》、《明儒學
案》為依據的吧。

老年的一齋已難以成為時世之領袖人物，此事自 安政 三年
（1856）六月訥菴在致草菴的書簡中的一段話即可推及：

> 老人雖係有非常之天稟之人，然學問之工夫尚未精切，未
> 至徹底克服利害得失之念之境地，如問際大節當如何，雖
> 身為門人亦難信從。

這中間的「際大節云云」，係指一齋知其婿河田八郎之子新九
郎，亦即一齋嗣子的立軒成為儒員而十分高興一事。訥菴認為，

一齋這樣的處事態度，遭有識之士批判自是在所難免的了。

給予端山以巨大影響的秋陽與訥菴，是程朱陸王自不待言，亦是接收消化了明末新朱子學、陽明學，建立起日本學問思想的幕末時期大儒。尤其是訥菴，是位奔走於勤王終致失卻自家性命的志士。因此，爲著了解端山的學問思想，有必要首先好好了解這兩位大儒的有關情況。

秋陽寬政九年（1797）二月四日，出生於安藝，嗣其父之後而仕淺野家。十五歲時，入廣島的山口西園門下修古義學，十八歲時往京都學伊藤東涯，歸鄉里。然終對伊藤仁齋、物徂徠之古學產生懷疑。其後訪奉程朱學而排斥古學的備後的菅茶山，自此開始信奉程朱學。然二十八歲時東遊而入一齋門下，聽陽明學之神髓而最終轉爲信奉此學。其師一齋備愛秋陽，每成事常求於此。天保二年（1831）辭一齋歸廣島，然天保七年（1836）應長府支藩毛利侯之招掌學政，於文教之振興貢獻甚大。亦自此時始，四方來學者日多。安政二年（1855）五十九歲致仕，但因文久三年（1863）主君退居原城，秋陽亦移居此地。其後應眾人之懇請在各地講說學問。其間曾上京都訪藤樹書院，並講陽明《古本大學》，據說聽其講者無不感激涕零。元治元年（1864）應多度津藩主之招往該地講學。慶應二年（1866）再次被招，然因病未往，是年十一月十五日卒，年七十歲。

如前所述，秋陽信奉陽明學，故在致草菴書簡中他寫道：

何等簡易，其奧妙不可知，其千古卓見之點，私以爲與陽明比肩者之。

秋陽力戒陷入訓詁陋習之中，晚年凡玄虛之論一概排除，努力於
實修實踐。因此，以任知解之精究爲非，則是自然而然的了。秋
陽雖如此般信奉陽明學，卻也排除樹立學派。這也許是因爲他
忠實地遵循了保持折衷式學風這一一齋的教誨所致吧。以秋陽看
來，學問之道，歸根結蒂在於「去人欲而存天理」的反躬實踐之
中。朱子學與陽明學在入門下手上多少存有差異，然終歸於一。
故可隨吾力量之所及，擇其一即可。故他要求人們在以陽明學爲
本的同時，又應好好理解朱子學，並翻刻了朱子學派的著作《四
書大全》，教門人時亦大都用朱子的章句集註。陽明之書，則是
若非篤信陽明又懇請講解，一般是不妄加講說的。

　　秋陽信奉陽明，是因爲知道陽明學深奧不可測，又簡易貼
切。同時他又十分知道，如不理解陽明學這一眞意，則有可能產
生如同王門王龍谿、王心齋、羅近溪、周海門等現成派（左派）
之類猖狂放恣的弊病。現成一派的儒學家以爲，不論智與愚、賢
與不肖，萬人所備之良知，均是已完成之存在，即爲現成的，直
悟這一眞體又信奉這一眞體是最爲重要的。從這一立場擯棄了良
知之眞體必需經工夫加以修証的學說，這樣，除非是了不起的優
秀人物，否則就可能產生這裏所說的弊病了。秋陽則不遵從這種
現成派的良知說，給予修証派（正統派）與歸寂派（右派）的良
知說以極高的評價。修証派爲鄒東廓、歐陽南野等的學派，這一
學派注重工夫的積累，即所謂漸修。歸寂派以陽明的良知二分爲
體用，以立體則用自行的「立體」爲其要，以體爲虛寂，倡導以
靜爲主歸於寂成工夫的良知說。屬於這一派的儒學家有聶雙江、
羅念菴、王塘南、萬思默等人。

　　修証派或歸寂派，都是重工夫的，因此，毋庸多言，他們在

某些方面都有與宋學相通的地方。秋陽於王門中高度評價了這兩派，也就達到了宋儒所說重「居敬」，以此為聖人相傳之血脈，以懲忿窒慾之實修為人生第一義的境地。祇是秋陽認歸寂派為正是在其晚年，那是因為他認為這一派的主靜歸寂於入門下手上有效所致。概而言之，秋陽雖說是陽明學者，亦是屬於修証派的儒學家。他反省自身卽可與物無對立，於此始致良知得萬物為一體之仁的「反身論」，就是最好的證明（《讀我書樓遺稿》附存、語錄）。

秋陽從歸寂派和修証派之說，又說慎獨、誠意，補陽明學之所缺。對人稱解明秘蘊的明末大儒劉念臺之說，他則是不予苟同的。念臺之說雖為草菴等人所信奉，但以秋陽看來，補王學之缺欠的為修証派的鄒東廓、歐陽南野，歸寂派的王塘南、萬思默而不是劉念臺。念臺是一位有著自己獨自立場的儒學家。

嘉永元年（1848）秋陽著《格致贅議》，將以陽明學為本的大學說發表於世。對此，當時信奉念臺之學的訥菴，著《論格致贅議》加以批判。秋陽遂反駁寫《辯復書》。兩人於論爭上互不相讓，因此，其友情也日漸淡薄了。

訥菴文化十三年（1816）生於江戶，是清水赤城家第三個男孩。赤城是兵學家，曾信奉朱子學又以實學為其宗，說大義名分而倡尊王攘夷。訥菴十四歲時成為信濃飯山的酒井義重的嗣子，天保六年（1835）二十歲時是年秋天，入一齋塾，不久又成為一齋的好友大橋淡雅的養子。他曾在江戶開思誠塾教授子弟，與秋陽同為一齋高足而為內外儒學家所敬重，互為聖學再興作出了自己的貢獻。訥菴在青年時期亦曾以博學為宗旨，自四子六經至諸子百家，或校訂文字，或集諸儒之說加以編纂。壯年之後，慨然

致思於理義，於訓詁辭章不再費力氣（《訥菴全集》中卷〈文選正文序〉）。其時江戶的儒學家大多熱中於就官途獲名利，視說聖學，卽心性之學、性命之學者爲狂妄之徒（同前書）。

訥菴致志於聖學，係天保十三、四年前後卽他三十歲前後的事。那時的思想，可從〈與人論陸王書〉（同前書中卷）中知一二。其論旨如同他的門人並木栗水在〈後序〉（《全集》附錄）中所說，是明代程篁墩的朱陸合一論。大體以陸王爲主，但取折衷了程朱、陸王的立場，爲排陸王論而辯護。也就是說，以爲需得遵從孔門的和衷兩濟的公義事實地體認朱陸兩學，並論證道：元以及明初的朱子學者亦不排斥陸子，清初的大儒孫夏峰、黃梨洲、李二曲也是朱陸並用。他以此來擁護陸王，尤其稱頌了繼承陸學的陽明之功績，論述中對明末清初的反陸王論進行了非難。

嘉永三年前後，訥菴著《觀省錄》上下二卷（《全集》中卷）。該書以陽明學爲本詳論朱陸之同旨，對專以經世爲主的物徂徠一派的學說，用「重用而粗略體之物」來批判。

訥菴認爲，如不依陽明的致良知，則會失卻朱子所說的窮理、主敬、力行之依據；反之，如無朱子的工夫，就沒有了致良知的手段，如將朱子的工夫行於實地，自然而然就會達至陽明致良知的目的。朱子視爲學之宗旨的窮理，亦不致停留在外在的工夫之上；陽明視爲學之宗旨的致良知亦不會停留在內在的工夫之上了。他認爲，這兩者均係互爲相通的、將揍爲一的。總而言之，這一時期的訥菴是以陸王心學爲其本，以朱子的窮理爲體認上的工夫，從這一立場來闡述兩者之同旨的。

然而，那以後不久，訥菴接觸到了劉念臺的誠意說，開始感覺到陽明學的矛盾之處及不足點（《讀我書樓遺稿》卷1）。訥

菴轉爲信奉念臺，是因爲他認爲念臺的學問於補充陽明學不足上
是有功的。 於是， 嘉永三年（1850），他從念臺的立場出發，對
秋陽以陽明學爲本寫成的《大學臆議》進行了批判。秋陽以爲，
念臺的學問不是補充陽明之不足的， 它完全是另一種存在。草菴
憂慮秋陽同訥菴的爭論意欲使兩人和解，但終未奏效。而於成爲
兩人爭論原因的念臺論上，草菴大體是以訥菴之說爲是的。他認
爲，補程朱之不足的是陽明，而補陽明之不足的則是念臺。

念臺的誠意說被認爲是弄清了原本陽明心學的祕藏之所在，
這一時期訥菴的思想， 可以說尙未自陽明學的領域完全脫離
出來。但在那以後不久， 他就轉爲尊崇宋儒之說而摒棄陸王之說
了，因此， 這就與以陸王爲宗的秋陽互不相容了。

安政三年（1856）在訥菴寫給草菴及端山的書信中可以看出，
訥菴在這一時期信奉 程朱學排斥陸王是 再明確不過的了。 他寫
道：

> 近來對陽明之說總難信奉， 甚連語語句句皆可疑， 斷然放
> 下， 專奉崇程朱之說。
> 我近來愈發看破陽明學術之非， 此事似是已不可動搖。程
> 朱之說平易著實， 於陽明之說高妙直徑， 此爲正邪之分
> 途，似迂遠確乎正學，然今世之儒者中無有眼光透徹之人。
>
> （〈致端山〉）

還在這之前的嘉永五年（1852），訥菴曾著《闢邪小言》（四
卷）， 繼又著《性理鄙說》 （一卷）。 前者論日本與外國之別而
力陳國體之尊嚴。並依朱子窮理之說，仿其排斥邪說，排斥陸王

禪學及洋學。尤其是對於洋學，更是着力攻擊之。從這本書中足可看出訥菴才辯之秀逸，在當時亦引出了巨大的反響，給予憂國之志士以極大的影響。這之前，他還著有〈疑王學〉、〈正學危言〉、〈正學禦侮〉、〈心學莠紫辯〉，前三篇以程朱學爲正而批判陸王學；〈心學莠紫辯〉則似是駁斥石田梅巖的心學的。在著《闢邪小言》之前，訥菴似已從陸王轉到了朱子學。《性理鄙說》則是將回答有關仁義禮智的提問之內容加以編著的，這也是依據朱子學纂成的。但是，訥菴眞正辯明程朱與陸王並轉向堅決信奉朱子學，則大概還是在那稍以後的事吧！因此，端山在京都期間，訥菴其時雖言程朱學，又有信念臺等人之學的傾向，因而也就未自陸王學中完完全全脫殼出來。概而言之，其時是處在東林朱子學者以深潛之體認爲旨的高忠憲與前述劉念臺之間，此等認識也許是正確的。這一學風，給了端山巨大的影響。

《闢邪小言》書如其名，既是以闢邪爲目的，其急於論辯之一面自是難免，但爲此而於體認之實地探微窮源，難處所謂「山窮水盡」之憾也不是沒有的。說起來，訥菴的朱子學，與張目揚言排斥陸王的清初朱子學者陸稼書之學倒也不是沒有一脈相通之處的。

然而，在當時，能充分理解訥菴朱子學的，也只有端山了。且此二人又互爲知己，訥菴委《闢邪小言》序言於端山，端山亦應允了。安政三年六月十五日訥菴寫來了委託書信，稱：

> 拙著後之二卷將付梓，其成敗欲求不拘臭味同好之人之跋語，萬一於鄙論之趣無有異存，雖乃一煩事望認同一跋文，汝吾之知己故相托之也。又拜

端山遂於翌年安政四年四月寫完跋文送寄訥菴:

　　闢邪小言跋

訥菴先生，憤西洋邪說之害我正道哉，著《闢邪小言》四
卷。命覺跋語，覺不敢辭。爲之言曰：嗚呼先生之學，純
於聖學，故於凡異端亂正之說，不得不辭而闢之也。先生
之心，旁求義理，故於凡蠻夷猾夏之事，不得不懼而攻之
也。於是乎闢之攻之，而其言皆出於至誠惻怛之餘，非夫
強辯橫議，好立異論之比，蓋亦有大不得已者耳矣。夫天
有陰陽，本不能相無者也。然而聖賢常扶陽抑陰何也？蓋
陽之義陰之利，而幾微消長之際，天理人欲判焉。若循天
理，則未曾求利，而自無不利。狥人欲，則求利未得，而
害已隨之。此聖賢之所以發明精切，垂教於千載之後也
歟！今夫洋學者，西方之陰道也。其設心也專狥利，而慧
侫奇察，無所不至。其爲說也專索隱，而妖妄怪僻，無所
不具。是以其流毒之大，不啻洪水猛獸之害，必將壞人心
亂國政，以至於勦絕天地之命脈而止。則先生之辯，其豈
可得已哉！抑觀先生所論，揭示吾學正理之所在，則確實
精當，如太陽出而百怪遁也，扶發洋學邪毒之所以伏；則
明快的覈，如荆棘撥而大道通也。嗚呼遏人欲於橫流，存
天理於將滅。先生承聖之勳，誠爲何如？覺雖不敏，已不
辭而爲之喋喋。亦竊恐先生爲世道慮至深遠，而世之覽
者，或忽諸也，豈徒搖吾喙云乎哉！

　　　　　　　　　　　　　　肥前　楠本覺敬撰

《闢邪小言》寫成時，正有黑船入航日本之事。因幕府在對待此事上表現出的優柔寡斷，訥菴遂於嘉永六年（1853）八月上書題為〈有關浦賀表御防禦之義申今日之急務愚存之趣書〉奏文。這是一篇論國防攘夷之必要，鞭撻幕府的文章。是年十月訥菴又著《隣疝臆議》，力說先前已之論點，諫當時為幕府起用的德川齊昭。訥菴憂慮國體，馳思於元寇之往昔，十一月仿長村鑒《蒙古寇紀》而著《元寇紀略》，陳述國體之尊嚴，日本與外國之別，義與理之分，以及尊王攘夷之急務。嘉永七年（1854）二月美國船再次來航日本，遂又上書題為〈值此異國船渡來之儀再次愚存上書〉的奏文，又一次開陳已之觀點。

安政五年（1858）發生了安政的大獄。訥菴雖倖免於難，他卻做了將當時被處以死刑的賴三樹三郎的屍體收容起來厚葬這種奇特的事。自那以後，訥菴就為王政復古倒幕奔走。他或以記有秘策之一書密奏朝廷，或擁日光宮（輪王寺宮）而意在奏請攘夷之大號令，但所有這一切都以失敗告終。於是，最終與同志相謀，開始策劃殺害老中安藤對馬守信正。此計劃雖經同志之手得以實現，但訥菴自己卻先於此事之日前，即文久二年（1862）正月十二日被捕入獄。其後雖得以出獄，但於同年七月逝去。

訥菴在江戶作為勤王志士之領袖，大力於倒幕。同時，與吉田松陰、橋本景岳、眞木和泉守齊名，訥菴也並稱勤王四傑。但與訥菴相交的秋陽、草菴、端山、碩水等人卻視其之舉動為沉溺於權勢名利，是違背聖學之本旨的。受彼等之批判，晚年訥菴與上述諸儒絕交不再往來了。

以上，關於秋陽、訥菴，尤其是曾給予端山以極大影響的訥菴進行了較詳的敍述，不論如何，這兩人大也好小也好，都是給

了端山的學術思想和勤王思想以影響的儒學家。但是有如後述，及至晚年，端山與這兩人之間是越來越疏遠了。這是因爲兩者之間在學術思想上產生了分歧。以端山看來，在這兩位儒學家身上，某些行爲及處世進退上是令人不得不置疑的。

端山因氣象上有圭角，遂與常常爲訥菴和草菴所指點的弟弟碩水不同，其人品溫良純粹，胸襟寬大，學術思想有如後述，更是以深深之體認工夫，如朱子之師李延平一般，「深潛縝密」。加之又具明末王門歸寂派儒學家王塘南一般的透徹，還繼承了崎門學派，其學更趨眞切，均以爲他在深密透徹上是訥菴、秋陽也及不上的。

無論是秋陽還是訥菴，兩人雖爲大儒，但端山隨着自己學業上之進步，於兩人身上已很難獲得滿意的東西了。加之在秋陽與訥菴之間也由於學風之異同，時世觀之相違，兩人關係亦日趨疏遠，最終都開始互相批判對方。從其批判論中即可窺得兩人學風之相違，同時，端山亦可推察到後來離開秋陽和訥菴的一班弟子的理由了。秋陽在寫給草菴的一封書信中詳及訥菴，這一段文字是這樣寫的：

> 此生至極英敏，人以爲其爲於世事有深刻關心性質之人。
> 萬一如是風，實學恐難矣。陽明、念臺，學風變之又變，
> 今仍不見定見，於議論上儘費日月，實踐上其前途更是茫
> 茫然，於此點上雖時時忠告，然不知今後能否有穩定時，
> 惟引以爲惜是也。近項又傾於朱子學，此在心中或有考慮
> 也是，然私以爲恐落入世間平平之學者之類矣。
> 與大橋已是絕交。此人徹底是名譽之念太深，世味又厚，

實修之類一切難也。（中略）自交往始已十五、六年，學
問數次變矣。此次言信奉朱子學，其心底更不可知，其見
解以現今講亦以爲無徹底之處。

反之，草菴在致碩水的書簡中亦詳及訥菴，稱「此老，稍有
輕佻之氣象，仍難免才子風」，而關於訥菴著《闢邪小言》則
言，「文有趣卻有挾功名之心處，不限於基於衷心憂國之念，爲
此語意閒人以爲有氣象之輕佻處」。

訥菴畢竟是訥菴，在致端山的書簡中評及秋陽道：

> 與吉村等世之儒者比，乃鐵中之錚錚者，只是學問曖昧，
> 認聖學之路徑不明白，乃遺憾之極也。歸根結蒂乃志之非
> 猛烈所致也。

而談及秋陽、訥菴之風貌，碩水則說：

> 吉村秋陽乃容貌野鄙之人，有不露心中之風是也。（《過
> 庭餘聞》）
> 一齋之門人於來一齋家諸儒之中（中略）以陣太刀之佩刀，
> 之齋羽織又自在袴，其譁眾取寵者乃大橋訥菴其人是也。
> 雖如此卻身矮近視，無絲毫威望可言。

經訥菴而知聖學之精神的端山勇往直前地猛修性命之學，據
說他一夜靜坐而體得了程明道所說的「滿腔子惻隱之心」。由此，
端山之志向於聖學邁出了第一步。這一心的體認，其重要意義可

以說貫穿了端山學問之始終。所謂「惻隱之心」眾所周知是孟子說的話。孔子說道時是用具體的行爲來進行的，但到了孟子，卻是要弄明白其由來，說成其爲根本的心了。以孟子言，此心卽孔子所說的「仁之端」之所在。此爲本來具備於人性之中的，體認此心乃最最重要之事，此卽爲明道，凡此種種，卽爲提倡聖學（正學）者的主張。由於這一醒悟，端山眼前之迷霧一掃而清，達至了廢絕記誦文辭的因習。

江戶一齋門下中與端山相交甚親者，有肥後人吉藩的新宮士敬、大洲藩的川田履道，以及小倉藩主小笠原棟幹的舍弟小笠原敬齋。士敬與履道爲陽明學者，敬齋則是朱子學者。嘉永五年（1852）秋，履道遊學期滿而離江戶，端山寫送別文贈之（《未刊草稿》）。讀此文可知，當時的端山一方面說朱子所言整正嚴肅之居敬、物物窮理之格物；另一方面又說陽明所言之心悟，意在使朱王兩學融合於掌中的形象。端山當時雖模模糊糊已自覺到了應以朱子學爲宗，卻於陸王學還是極有心的。

端山在逗留江戶時，曾親筆抄錄《上蔡語錄》、《楊慈湖遺書抄》、《湯潛菴集摘抄》，而《羅念菴集》二冊、《困勉錄》二冊則著人抄寫。由此可知，他當時是親於陸王學的。在《學習錄》中稱聶雙江、羅念菴爲王門之功臣，這大概是這一時期的語錄吧！然而在端山的《敬齋公子履歷聞見略錄》中寫有在江都謁秋陽而聞姚江之學，謁訥菴始聞性理之學的文字。《自著年譜》亦述有謁訥菴始深悔前非的內容，由此可知端山當時確是以爲是必以朱子學爲宗的。

關於履道與士敬之學說，其詳細處雖無從得知，然其人品、仕途、學宗自端山所書祭文（《遺書》卷4）可略知一二。按祭

文稱，履道於安政三年，士敬於明治十二年五十三歲卒。士敬年長端山一歲。

　　端山嘉永五年秋，與士敬一起費時約二個半月行奧州旅行，回都後著《松島行記》（《端山遺書》卷8）。在這次旅行中曾拜謁三谷愼齋、國分平藏、大槻習齋、石澤子明、青山佩弦齋、鐵槍齋兄弟、會澤正志齋等諸儒。其中愼齋曾從遊一齋，時已七十歲，與平戶藩的長村靖齋是舊交。據愼齋對端山所言看，與一齋會晤前自持甚高，然待入其門始悔悟，痛加戒愼工夫，自號愼齋了。端山聽這一番話又自想起自號悔堂的往事，大約也有省悟之處吧！見着端山時愼齋還是盲目的，但據說正因爲此，心有收斂，學問上亦顯進步的。端山聽此，大約在作爲己之旨的收斂體認之學上又增強了信心吧！

　　端山在旅行途中應時而成主靜體認之工夫，又與士敬論學不忘切磋。由此看，在這一時期端山是以內外爲一，渾然與物同體之心體自得之事爲學之要旨的。這與其較之陽明毋如說更近於其講友、繼承了明道之學風的朱子學者湛甘泉的學風。然而甘泉「隨處體認天理」，以動處之體認爲旨；端山以主靜體認爲旨，自靜坐入手。但雖言主靜，其工夫是不容易的。這是爲什麼呢？因爲意欲達至靜境之本身，已是動心之事，要完成此事，就會陷入孟子所說的「助長」之弊，或許反而會失卻天理之自然。因此，明道說「定性」，言動靜均應安定心；甘泉則冠「隨處」二字於天理體認之上。按《行記》說，端山亦痛感伴隨靜坐所產生的助長之病，他充分理解了甘泉隨處體認的主旨。由是，端山主靜體認的工夫逐漸成熟，他體悟到了那脫離人爲基於自然此不達則眞正之事無成這一道理。端山在旅行途中的主靜體認之苦心，使人感

到與高忠憲《困學記》（《高子道書》卷3）中所講到的東西有相通的地方。祇是端山的主靜體認雖有不及忠憲的精切處，但其學風兩者有一致之處的。故有如後述，端山歸西之後，立卽實踐忠憲的「復七規」，篤修忠憲的學問，這也不是沒有理由的了。

依《行記》看，旅行中端山就陽明致良知之解釋與士敬論學，當時士敬固守陽明學，也似乎信奉現成派之說。對此端山則以爲，如不行窮理之工夫，漫無邊際地說良知之現成，認識神而以此爲良知，其結果將限於弄精魂之弊，犯所謂認賊作子之錯誤了。如是，則企望性學是不可能的。端山似還認爲，由窮理始得陽明所謂致良知之所方可不誤。這與王門修証派之說又是一脈相通的。自此，可以說當時端山雖暫時是遵從朱子學的，但又還有朱王折衷之痕跡的。

松島之旅雖於端山來說多有益處，但在他還都後所作的〈歸後偶作四首〉詩的一首中寫道：

> 討探跋涉半艱辛
> 僂指忽諸逾四旬
> 反省猶無新得力
> 誰言活景養天眞

又附自注「張子云。遊山水不如讀歷史」曰：

> 少壯孳孳惜寸陰
> 日來何事轉游沈
> 先賢遺訓垂箴警

披史踟躕悔恨深

卽所謂旅行而無甚新得，空度光陰而怠讀書窮理，吐露了此係違背聖賢遺訓的悔恨之情。這使敬齋驚嘆道：「伯曉以其有得於此行如是，猶爲可悔，其有進於學果不鮮矣。（中略）則未知其所造詣何如。」（《端山先生遺書》卷8，〈松島行記序〉）。

為端山《松島行記》寫序的是小笠原敬齋。依端山《敬齋公子履歷略錄》（《遺書》卷4）看來，兩人係於嘉永四年（1851）在一齋塾相識，其後相交甚親。敬齋在當時學問博雜，並無甚可稱之爲一派之學宗的地方。敬齋氣象豪邁不拘小節，故碩水等人視彼爲知己。碩水等人建立的平戶櫻谿書院的扁額，據說是出自敬齋手筆《過庭餘聞》。敬齋與碩水同庚，都以文久三年九月十四日三十六歲的年紀逝世。死因似是破傷風（同前文）。《過庭餘聞》有關敬齋是這麼寫的：

> 敬齋乃豪邁之人，毫無俗氣可言，胸中猶如洗淨了一般。經說不深，詩文鍛鍊亦少。談話間他人亦不知覺中無俗氣也。謂知己者乃敬齋也。敬齋得志則與予亦得志無異，予亦其心，此乃所謂眞正之知己是也。敬齋雖未曾言及此，心與其無異哉。

敬齋與端山、士敬、履道時常相聚又論學。因他墨守舊學而與其它人議論不合，但與端山論學之後始反初志，遂始歸程朱學了。其後，又攻擊徂徠派，稱如修此，則才高者爲亂臣賊子，才卑者則陷爲禽獸，將太田元貞、賴山陽之徒作爲亞流退之。彼等雄辯

多才，博學詞章，但盜儒名而斯人，加災世間其罪匪輕。尤其對於徂徠一派更加酷評道：「以學術而殺天下後世」。對陽明學亦予批判，以爲程朱及陽明均以心學爲本，陽明因求理於心，執本心而忽略窮理之細微，以內爲是，以外爲非之弊自生。故有所謂陽儒陰佛之傳。然以窮理爲旨之程子、以心與理爲聖人之學的朱子之說，則是不易之論。說到精切，敬齋之學到底不及端山，但於時世治政上的論說則是有值得注意的東西的（以上請參閱《敬齋文稿》中〈送溝口美卿歸播陽序〉、〈與新宮士敬書〉、〈存齋說〉、〈擬論議亞墨利駕夷和親劄記〉等文）。

嘉永六年（1852）正月，端山因其父養齋公患病而歸西，其時敬齋爲端山草送別之序贈之（《敬齋文稿》）。文稱：

送楠本伯曉序

學聖人之道，必自二程始矣。其故何也？孟子沒而聖道不明，及訓詁之學興，說之愈精，去之愈遠，天下夢然未曾見仲尼之面目者，千有餘年。至濂溪元公出，始能統於孟子，一掃訓詁紛紜之習，而授之於二程。二程以卓然之志純粹之才，能擴充此道，檢之身著之言，而後聖人之旨，粲然復明於世矣。凡如紫陽之窮理，金谿之立大，河津之復性，姚江之致良知，其所宗雖不同，其源皆莫不出于此，則蓋亦二程之支流矣。雖然諸公之門人弟子，擇之不精，采之不醇，往往流入於異端，有如慈湖龍溪之類，是可以爲鑑戒，則不直學二公之爲無弊也。夫大程之爲人，寬而栗，溫而恭，正大之德，廣豁之量，稱之者謂：「如坐春風之中」。小程則氣稟剛正，而造理緊密。要之氣象

雖不同，其造詣則自孟子後，莫復出乎其右也。故曰：
「學聖人之道，必自二程子始矣」。伯曉酷好學，尤慕二
公之業。余嘗誦其文，聽其議論，往復辯析，莫一不根於
二公，則其所由亦純矣。

以敬齋看，朱、陸、薛、王之學均係二程子之支流，楊、王之流
入異端，乃因彼等未直接學於二程子所致。由此，足以看出敬齋
與端山論學方始回歸正學之當時彼之學風了。因而這又不妨看作
是當時端山的學風之體現。

第五章　問學於金子霜山

　　端山在逗留江戶期間，得良師益友而日以繼夜地努力於修學，卻仍不免有難達孔孟程朱之奧義的感慨（《未刊草稿》〈與金子霜山翁書〉）。因此，於秋陽或納菴之學亦是有難以滿足之處了。這或許是因爲在主靜體認之實修上彼人之學尙缺乏深潛縝密之故吧。於是，端山就仍未解決之疑問求教於當時來到江戶的崎門學者金子霜山。

　　霜山，諱濟民，字伯成，號勉齋，又號霜山。藝州人氏。其父號華山爲藩教授，曾師事下傳崎門派植田良齋神儒之學的加藤十千。霜山嗣其父之後成爲藩的儒官，但他爲人嚴正，以道學自任，著書有《經說萬餘言》、《四書纂要》，均刊行於世。另外還著有《四書擇言》二十六卷、《易學啟蒙纂要》四卷、《易本義纂要》、《近思錄纂要》、《書集傳纂要》、《詩集傳纂要》。霜山卒於慶應元年，時七十七歲。端山謁霜山時，霜山六十四歲。端山大約是知道了霜山是傳崎門朱子學諸長之一遂去拜訪的吧！與霜山多少有些交往的秋陽在致端山的書簡中，有下面一段論及霜山的話：

　　　　此人之學問，於有關朱子之文字研究上，其精到處可謂無

人比肩。但於實地之工夫又如何呢? 面晤之際無有一次涉及於此，惟訓詁上之話題也。

在寫給草菴的書簡中，稍稍詳細地論到了霜山的學問及人品:

> 下問金子老儒之事，彼於當今朱子學者中自乃傑出之人物。雖有傳山崎闇齋之學家譜，本人卻未顯其風，讀書文藝相應可行，著書亦有。自然雖言朱子學，亦不遇精讀尋常般朱子之書而已，於文字之外無絲毫關心處，世間所謂之學者也。其偏執極甚，自負家之應令人困惑。與余雖學派各異，但於充分互相了解之上交往也。祇是今自教授轉爲侯之後嗣侍讀，常留江戶，故自諸方往聽其講學者有之。然如其人之朱子學者於江戶仍是罕見其人的。人品無缺點，小有淺薄之處。

霜山曾對端山說道，欲行學問首先必以動察爲旨。如是，則靜存自然可成。心情動時，則所謂喜怒哀樂之情已動、已發之際，天理（性）之察知即是動察; 心情不動之時，即喜怒哀樂之情未起、未發之際，天理（性）之存養即爲靜存。前者係北宋羅豫章、李延平等人之觀點; 後者乃是南宋朱子之講友張南軒及其師胡五峰等人之觀點。他們以察識爲先，以存養爲後。端山當時是以靜坐體認爲旨的，於霜山之說自是不服。歸西之後，他立刻以書簡形式敍述了自己的理由（《未刊草稿》〈與金子霜山翁書〉）。端山在這封信中力陳己之所信，這正是表露了端山這

一時期的學術思想之根幹的。因此，在這裏我們且將其概要羅列如下：

第一，以主靜存養爲學之根本，以動察之學爲非。以端山看，戒愼恐懼之心體，係湛然虛明不可容一物的，故工夫亦必需是如此的。因爲，是本體卽工夫，是工夫卽本體。如是經靜存之工夫本體得以喚醒，那麼動察之工夫亦會自然來得切實，動靜交替向上。如以動察之工夫爲本然後能獲得靜存之眞境，則工夫將陷於固執與強制，會是反本體工夫一體之自然的。

第二，於窮理之上，悟出理卽一理乃是最重要的。依端山看，理者，無論是性情之理還是事物之理，皆無區別均爲一理。悟出此一理之本身，遂成爲靜存與動察之本。然而爲著達至內外無彼此之別貫穿之一理，此非僅僅窮與性情有關之理卽可完成的，須於事物上一一窮其理，以累積這一工夫方可，祇是雖說是一一窮其理，並非窮個個毫不相干之理，須得本身實地去窮一理。故應成立卽盡心盡性之工夫。

總而言之，窮個個事物之理，乃一理之講究，一心一性之究盡，除此之外別無他物。若非如此，廣博的知識祇不過是見聞之學而已，成爲程子所謂「玩物喪志」、「遊騎不歸」而失本心，心則外馳而支離滅裂。端山卽如是以主靜透悟爲學之入門下手處，以爲由此始可有程朱所說格物窮理，自末流之支離弊中脫出得沉著，達至內外貫通彼此之道。這時期端山與訥菴相交甚親，這些說法大體與訥菴當時之學說相似，但主靜體認之深度又是訥菴所不及的。

有如後述，端山在那以後改爲信奉崎門學。其時遂想起霜山，故再次以書簡質學了。

第六章　國體論與尊王攘夷論

如前所述，端山因父患病而返平戶，於嘉永六年（1853）正月出江戶，三月十日抵平戶。是年九月二十二日成爲國學教員兼經筵侍講，十二月六日爲藩主觀中公講《貞觀政要》。關於此書端山的看法是，書係敍述唐太宗霸術的，不是講述正君心之非爲治政之根本的王道的。因此，他且按以往之慣習講其文義，特別在正君主之心術方面下了力氣（《自著年譜》）。該書經六角一流傳入我國（日本）以來甚爲流行，德川時代各藩儒學家均好而講之。端山對此書之見解，不用說自是依據孟子以來的王霸義利論的，但具體論點是不大有的。而對《學習錄》中論及唐太宗與伯夷太公，言「太公之心在一時，伯夷之心在萬世」之事，端山卻有一文評道：「是猶在些利害上而立言，未得究竟」。

關於王霸，孟子「王道行仁義霸道假仁義」之說及至宋代成爲眾家議論之題。種種議論無外乎是視兩者之別於義與利，公與私而已。卽使在宋儒之中，如司馬光、陳同甫、呂伯恭等人，稱頌唐太宗、漢高祖之治功，將其與三代之治相比，反對論王霸之別；但程子、朱子等人則述太宗之治係霸術而力陳兩者之別。清初朱子學者呂晚村及張楊園等人亦主張此說（《四書語錄》卷11、51，《張楊園全集》、《備忘錄》卷1）。而《貞觀政要集

論》的著者戈直之論，大約是說及貞觀之治乃霸術之事最恰到好
處的了。在我國（日本），崎門學者尤其貴王業而賤霸業。卽便
信奉朱子學，對於以心性本源之體認爲旨的他們來說，這是自然
而然的。端山也論述王霸之眞僞，談其效用之別道：

> 王道行仁義， 其效日皐皐， 此眞仁義所應也。 霸者假仁
> 義， 其效日歡虞， 此僞仁義所應也。其名或可假，其應不
> 可掠， 一眞僞之別爾爾，洞乎見其肺肝，人焉廋哉，吾於
> 是知一絲毫之不可瞞昧也。 故君子之學，日誠而已矣。

王霸之別，義利之分，可以說其根本在於心術。兩者完全是
同行異情， 毫釐千里之差的。 因此正君主之心術才是王道之根
本，治道之大根本，這就是端山所考慮的。端山在爲君主說治道
時，總是以正君心爲根本之理由，也正在於此。端山的王霸論，
早在嘉永五年(1852)卽在一齋塾時所作〈讀酌古論〉中就有了。
端山在文中痛斥南宋事功派學者陳同甫的霸術，斷定此乃導致國
家滅亡之根本所在。他寫道：

> 讀酌古論
> 余頃讀酌古論， 觀陳同甫之爲人， 蓋刑名法術之雄也。
> 而其持論縱橫明快， 利害得失， 歷歷如指， 有戰國策士之
> 風。 孝宗若用之， 宋猶或作東周乎！ 而余則竊有懼焉何
> 也？ 當此時， 南宋之天下， 譬如元氣消耗之病。 善醫之
> 者， 唯與以平劑養其元氣耳， 病亦自瘳；不善醫之者，以
> 爲若藥弗瞑眩， 厥病弗瘳， 乃投之以劇藥， 不啻病之弗

瘳，身亦尋斃。夫南宋之天下，吾知其以王道養元氣，而
不知其以霸術濟消耗也。或曰：「然則賊可不討乎？」余
曰：「否否不然，賊不共戴天之仇，焉可不討哉！」吾所
謂養元氣者，非默而止之謂，蓋以王道動。以王道動者，
其謀成於至正，其令出於至誠，故四海之內，應之以至
信，賊可不討而服矣！以霸術動者，其謀雖巧，其令雖
美，要之出於功利者也，故千里之外，亦以詐應之，惡能
成其事哉！王霸之別，一公私之間而已矣！今同甫之論，
辯則辯矣，然終以霸術動，則不免刑名法術之士，是欲以
劇劑濟病者也。孝宗若用之，南宋之亡，或不待崖山也。
古人以馬服君之子比之，其可謂確矣。

　　排斥霸術的端山，拒不以鬼谷子一派的智巧術策為是自是順
理成章的了。因此，安政元年（1854）他著〈陳平論〉（《未刊
草稿》）取例於漢高祖之臣陳平，指出其雖智巧凌駕於蘇秦、張
儀之上，卻仍有窮而難通之處，此種智巧術數，乃不足可依的。

　　這一時期外夷頻頻出沒於我近海，有的甚至來到了九州近海
一帶。平戶藩地處扼守九州咽喉之所，藩主代代用心於海防。嘉
永六年（1856）以後，國內和戰論沸騰，開港與鎖國之論眾說一
是，天下騷然，平戶藩自難出其右。於是，端山著《芻蕘巷議》
論處此困難局面之治政要綱。繼而又遵藩主之命著《杞憂臆言》
述其要旨，詳論外夷之心叵測。此二書是在結束對藩公之講授，
返歸鄉里針尾期間寫就的。後者現已散佚不得見，前者則收錄在
《端山遺書》（卷4）之中，可一窺其論旨。讀《巷議》之序即
可知端山寫此文之動機：

余頃屏處於田里，竊觀天下之形勢，實有不忍言者。饑饉薦臻，外侮時來。其應於天者，爲星簹乾旱之變；應乎地者，爲山崩川竭之妖。天地之嚴戒，如此其著明，而爲人主者，晏然不省，其可不寒心哉！而世之論者，纔開口則屑屑談末務，而不察其根本所在，吾未知其所馴致，遂至何之極也。於是聊致杞人之憂，敢陳芻蕘之言，不自謂眞有所見也。其目有五：曰正君心、曰選輔弼、曰整紀綱、曰固民心、曰崇國體。而正君心者，群目之統而其總括也，願讀者少留意焉。

《芻蕘巷議》所列綱目爲「正君臣」、「選輔弼」、「整紀綱」、「固民心」、「崇國體」五項事，但端山以爲「正君心」一項卽可總括一切了，這是值得注意的。「正君心」之中尤如《大學》中所說，修身乃齊家、治國、平天下之本。心乃身之主宰，爲備眾理之靈妙般的存在，故雖說齊家、治國、平天下，惟正一心方可成。故君主心正則天下之人皆正，天下之事自可得理。而君主乃天下之大本，神人是主，治亂興亡之由來。以正君心爲天下之大本、治道之根本，此乃宋代以來儒學家傳統性的思想，朱子等特別強調的一點。尤其是出於明末內外騷亂、國家傾覆之際的儒學家，例如高忠憲以及劉念臺等人，視爲治道之根本專論於此，乃是意味深遠的。在與端山相交的儒學家中，訥菴是特別力陳這點的一位。前敍一至四項，是與劉念臺等人着力論述的大體相同的。祇是端山指出要尊崇國體，這是需要加以注意的。

以端山看來，我神州自神祖以來聖人輩出，以仁義養民，以廉恥導民，道義浸透民心，其結果皇位延傳無窮，至今未有欲盜

神器者。此乃我神州異萬國而人稱君子國之原因也。故崇國體，需崇仁義而重廉恥，身體力行先王之教化。端山看到當時紀綱頹廢名節掃地，先王之教化、國體之尊嚴失墜，且蒙外夷之輕侮，地異天變不斷，一步錯則國家崩潰，處此危機中之日本，他認爲凡神州之臣子者，宜崇國體以渡危機。而海防之基本亦在於此。海防之事造大艦鑄巨炮等皆屬末技。如若崇國體行道義整紀綱，則神州乃神州，我國（日本）超萬國行實際，地異天變當自然消滅。其後又述道，如欲謀對外夷之方略，窺吾國之外夷亦當自行退去矣云云。劉念臺上疏文中，亦有崇國體之一項（《劉子全書》卷17）。念臺以爲，正綱紀而明上下之分，以確立朝廷之權威尤爲必要。端山則認爲國體之本義在於道義廉恥之尊重及其實踐，此爲吾神州超萬國原因之所在。可見兩者所見各異。由是，端山的國體論以儒教倫理爲內容，深信此乃惟於吾國自古實踐於上下間之事，從中亦可窺見彼於國體認識之自覺上一斑也。本原吾國儒學家所言之國體論，自是受中國之中華思想或儒教思想之影響，已見於德川時代之初期，如貝原益軒等人卽是從神儒一體說這一立場出發來加以論述的。眾所周知，崎門派諸儒又是極力強調過這一點的。端山以道義性國家之建立致爲國防之根本的一說，實爲其時訥菴、秋陽、草菴、澤瀉等人主張聖學者通說是也。在中國，明末諸儒中如劉念臺、李二曲等人卽是倡導此說的。

　　爲著建立起道義國家，大約是需要用正學（聖學）來正人心的吧！因而端山著〈勸學論〉、〈正學論〉、〈學古入官論〉、〈勸學解〉（《端山遺書》卷3）以論其必須。而言國體說正學之端山，他排斥洋學此自在情理之中了。當時洋學流行專倡窮理之說，甚而有人公然稱宋儒之格物致知之學亦不外乎是此。端山

以爲彼等未能理解朱子格物致知之根本精神，遂對此首先進行了
批判（《學習錄》）。如遵循朱子的窮理（格物致知），自有不得
不認可求博知之洋學處，然其根本精神，無外乎是達至事理之大
綱，卽人倫道德之眞知。捨其而外，汲汲於求知，則會忘根本而
走入枝葉。僅求根本而捨棄枝葉，自非盡朱子學之整體之事，然
捨根本而走枝葉，無疑是背離朱子所言格物窮理之本來精神的。
端山之窮理說，雖不能說是盡朱子格物窮理整體的，然其精神仍
是把握無誤的。端山的批判洋學論，也見於訥菴的《闢邪小言》
跋文。總而言之，端山是將洋學視如法家的申不害、商鞅、佛
教、老莊以及求功利的俗學等同爲異端來加以排斥的。

　　端山的國體論和洋學排斥論，這在《闢邪小言》中訥菴也曾
痛論過。從安政三年（1856）六月十五日寫給端山的書簡看，端
山在京都期間似已自訥菴處聽到這些論點的概要。關於國體論，
天保十二年(1831)起訥菴就已開始論說，在其後的著書和建白書
中，已有痛論國體之尊嚴與攘夷來發揚國威的文字。其中《闢邪
小言》乃論述發揚正學與排斥洋學之專著，因影響之大，此書頗
令一時洛陽紙貴。書一俟完成，訥菴卽將其寄與端山，求其寫
跋，而端山則欣然應允。安政四年四月四日端山將寫成的跋文寄
與訥菴。跋文如下：

　　闢邪小言跋

　　訥菴先生，憤西洋邪說之害我正道哉，著《闢邪小言》四
　　卷。命覺跋語，覺不敢辭。爲之言曰：嗚呼先生之學，純
　　於聖學，故於凡異端亂正之說，不得不辭而闢之也。先生
　　之心，旁求義理，故於凡蠻夷猾夏之事，不得不懼而攻之

也。於是乎闢之攻之，而其言皆出於至誠惻怛之餘，非夫強辯橫議，好立異論之比，蓋亦有大不得已者耳矣，夫天有陰陽，本不能相無者也，然而聖賢常扶陽抑陰何也？蓋陽之義陰之利，而幾微消長之際，天理人欲判焉。若循天理，則未嘗求利，而自無不利。狗人欲，則求利未得，而害已隨之。此聖賢之所以發明精切，垂教於千載之後也歟！今夫洋學者，西方之陰道也。其設心也專狗利，而慧倿苛察，無所不至。其爲說也專索隱，而妖妄怪僻，無所不具。是以其流毒之大，不啻洪水猛獸之害，必將壞人心亂國政，以至於勦絕天地之命脈而止。則先生之辯，其豈可得已哉！抑觀先生所論，揭示吾學正理之所在，則確實精當，如太陽出而百怪遁也，扶發洋學邪毒之所以伏；則明快的窾，如荊棘撥而大道通也，嗚呼遏人欲於橫流，存天理於將滅。先生承聖之勳，誠爲何如？覺雖不敏，已不辭而爲之喋喋，亦竊恐先生爲世道慮至深遠，而世之覽者，或忽諸也，豈徒搖吾喙云乎哉！

　　　　　　　　　　肥前　楠本覺敬撰

　　在當時，有志於心性之學者，多倡正學而論攘夷國防。其中澤瀉、潛菴、訥菴氣象豪邁，又同倡排斥洋夷，與其他心性學者於主義上多少可見相左。如端山以內治爲國防之要，彼等則視直接行動亦屬不辭。其時此一派儒家，大都倡勤王攘夷。春日潛菴例外，他參與策劃勤王運動並十分積極，但於外交政策上與別人各異，倒是贊成解除鎖國與洋夷結交通商的。

　　身處幕府直屬之下，又痛斥洋學大談攘夷海防且身體力行

的，總還得數訥菴。但這在當時，又似乎是很顯得孤單奮戰的。訥菴因幕府對攘夷態度上的優柔寡斷，就更加堅強了勤王攘夷的決心，其氣勢亦日顯突銳。其結果有如前述，最終自以學術正天下這一儒者本領中逸脫出去了。

當時，國體論轉化爲勤王論，於時勢也許是不得而已的。端山也是勤王思想家中的一人。端山文久三年（1863）在藩主心月公赴京都途中給他寄去了〈肥州松浦公傳〉（《端山遺書》卷4），意在述肥州公之事蹟勸藩主勤王。其後端山又促成了藩主參加到了勤王大業之中，所有這一切，都出自他的勤王思想。但端山雖倡勤王，卻沒有碩水那麼固執於名分論。碩水自名分上論一天萬民，不認可介於天子與萬民之間的幕府將軍和藩主的存在，對他們甚而抱有憎惡之念。而端山是不固執於這種形式論的，故一心盡忠誠於藩主，以促藩主勤王事爲己任。

第七章　靜居鄉里

　　愈來愈痛感到性命之學、心性之學必要的端山，看到藩主所進行的過去的講學不過是空套，藩學依然溺於辭章之學，終於安政元年（1854）決意鼓起勇氣進行重大改革。然事與志違，因遭僚友反對與非難，反倒身陷逆境之中。其時苦惱之深刻，從題為〈孤坐〉的二首詩中（《端山遺書》卷 1）卽可得知。詩曰：

```
　孤　坐
孤坐蕭條燈已殘，慘然掩卷獨吟嘆。
憂時招禍數行淚，報國焦心一片丹。
妖氣連天吹面惡，頹風滿地逼人寒。
經營性拙堪嘲笑，自古狂狷容世難。
```

鎧軒見此詩稱此乃失意之人所吐之氣，乃「隨之困」，卽所謂「利退處，不利進取」，既予規勸也予激勵。端山亦大大自省，自思己無資格列於儒員之列，又苦於進退。遂齋戒以《易》占之，加之時又患腳氣，以此為幸辭意愈固，遂將己意以書簡（同上書‧卷 2）告鎧軒，決定暫且回家鄉針尾家中靜居。所謂《易》之「若不幾。不如舍。往吝」乃己之道是也。然進退之義作為儒

者乃重要事， 故以書簡問質訥菴 。 訥菴卽給予了懇切恭謙的回
復。信中關於端山的進退曾想到了種種情況，並引中國儒者事例
又披瀝己之意見。歸納起來，訥菴以爲端山以一途之勇退決心行
事未免失於狹量，希其妥善處之。另一方面，當局亦切望端山能
重新考慮，端山遂迫不得已，於是年六月再次出仕。出仕後，因
助教缺員，被請充候補，但端山懇辭未受（《自著年譜》）。

端山是訥菴最爲寄予厚望的有爲儒者。當時訥菴下面雖有敬
齋、士敬，卻都不足以期；秋陽和潛菴又不足與之可共語。故於
正學上，惟寄期待於端山一人。安政三年（1856）六月十五日寫
給端山的書信中道：「今日之時於正學可商議者，惟千里外西海
之貴兄，言雖失禮，然望兄刻苦鑽研」。

安政元年（1854）端山之父養齋卒。端山遂上書乞辭，並請
允服喪三年。但未及准允，反被任助教兼侍讀。此時端山上呈依
老公（乾齋公）之命說明需服喪三年之上疏，而老公讀之爲端山
孝心所感，許可以特命服心喪。但是年六月，又因病辭退助教，
以後六年有餘，一直退居家中，助教一職，後由碩水任之。

端山在父親近世後篤行喪禮，此大體可視爲仿朱子家禮所行
之事。他早就研究過諸禮，並似有意著有關禮書。端山著有〈喪
祭二禮〉（《端山遺書》），此亦大體上是依據朱子家禮又斟酌
邦俗而制定出來的。安政四年端山開始營造家廟，又造家塾困學
寮以教育門生弟子。服喪期滿已是安政五年(1858)，但因患疾，
得上之許可繼續退居家中，專心爲門生弟子講學。翌年十二月雖
又被任命爲守銀方役頭，但同以患疾爲由辭而未受。說是疾患，
實際上並非重症，如欲出仕，亦無不可能。然端山其時惟期「行
獨道」，也就一辭再辭了。但於進退仍有一抹疑念，遂問意見於

秋陽。秋陽回復道：「兄就辭退職務之事問於弟，遠隔兩地事多
有不知，代代仕藩者自無論何人於進退上均有難以輕決之處，然
且循柳下惠之進退當可謂適宜否？」柳下惠乃魯之大夫，依孟子
所言，柳仕不德之君主不以爲恥；無論何時何地努力發揮己之賢
才而不加隱藏；己之所信之道主張之而不歪曲；遭人棄亦不怨；
窮亦不憂。孟子拜柳謂與聖人之中或無論何人均相和而處之人，
卽所謂「聖之和者」。但卻有流於俗之處。吉田松陰對人十分寬
厚，但言己之所行極嚴格者乃柳下惠。秋陽在其它書簡中稱端山
退居山中乃當然之事，已極爲羨慕云云。

　　端山雖靜居於針尾山中，但與平戶相交之友人以互換書簡求
藩學之革新，藩士們亦漸漸爲其所感化。其間早田庫山等人大力
協助，藩學獲一新。故及至端山再次出仕平戶時，倡異議於端山
之學風者已無有也。端山眼見舊學一新而不勝喜悅，遂寄書簡
（《端山遺書》卷2）與庫山一吐己情，言此乃辱兄及一二之朋
友鼓舞所賜，以表謝忱。草菴曾言平戶之藩學自端山兄弟出始有
興，事實正是如此。

　　隱退多年的端山，文久二年（1862）正月三十五歲時，奉特
旨出仕平戶，命其爲藩公講授經典。端山在講解朱子〈白鹿洞書
院揭示〉，又上疏詳述聖學之要旨的同時，又以正君心爲治政之
大本，屢責君主。而賢明之藩主亦多嘉納端山進言，努力精進於
《大學》所謂修身、齊家、治國、平天下之道。自此端山得藩主
極大信任，且終於躋身於藩政中樞了。端山講授〈白鹿洞書院揭
示〉，也正是因爲他此時開始篤信朱子所致吧！

第八章　慕仰東林高忠憲之學

　　會晤霜山後第二年正月，端山回到了平戶。在江戶努力於主靜體認的端山，歸西之後專修明末高忠憲之學。忠憲乃是以主靜、居敬工夫爲本，又深透朱子格物窮理之旨的東林大儒。靜寄心於由靜存之功終達「山窮水盡」之處而深悟天理之忠憲，亦是自然而然的了。在當時，再沒有誰能像端山那樣深深吸取到忠憲之學術精神。端山一歸抵平戶，卽實行忠憲的「復七規」（《高子遺書》卷3），加深了先前所刻意領會的主靜體認之學（〈端山墓碑〉）。「復七規」乃係言七日間靜坐法之著，忠憲冠以「復七」之名，係源出敍述一陽來復之道的《易》「復卦」中「反復其道，七日而來復」之言。忠憲曾退居山中，專心於經靜坐而得之體認生活，其情景記錄在〈山居課程〉（同上）之中。它記述了實踐朱子所謂「半日靜坐，半日讀書」的日課內容。端山二十七、八歲時，在平戶逗留時所作〈靜坐〉、〈夏日讀易雜詩七首〉（《端山遺書》卷1），個中似有追思忠憲〈山居課程〉之意味。今抄〈靜坐〉詩與〈夏日讀易雜詩〉各一首如下：

　　　　靜　坐

　　養靜醒川上，林深座務稀。月其絕纖翳，遠樹帶煙微。

夜遙草蟲響，溥露掩柴扉。坐久不知倦，能使我忘機。

夏日讀易雜詩
晴窗披易坐，盡永默無言。超然言象外，到處會天根。

　　端山一生均以靜存之工夫，以未發中心之收斂行所謂「本領
一段」之工夫。而靜坐乃入門下手之事，實是最為用功的。端山
靜坐之靜存，實在是深潛透徹，透入心體，達至宇宙生意之所
在。以月田蒙齋所言，端山在焚香靜坐之時，眼見香灰落入香爐
而一一感於胸，以此而悟出天地萬物與我乃本來一體之道的。蒙
齋雖亦是力行主靜體認之儒學家，卻是不及端山之真切深潛的
（〈端山墓碑〉），總而言之，這一時期的端山之學，所負忠憲
處甚多。故如於忠憲之主靜體認之學無深刻之理解，對端山之學
的理解自然會陷入淺薄的。

　　忠憲看到王門末流以良知為現成，且又以其本體為無善無
惡，自此生出明顯之弊害，遂強調人之本性非善惡不定之物，乃
善，故有定體，提倡同為東林派的顧憲成、湛門派的馮少墟等人
的性善說，對王門末流的無善說進行了批判。忠憲之所以倡性善
說，係因從朱子的性即理這一立場所致，且自此立場出發來批判
陸王的心即理的立場，稱「虛靈知覺（心）雖靈妙，然非盡天理
之精微之物」（《高子遺書》卷 5 〈會語〉）。

　　朱子以為，性者理也，個中無內外之別。故於物需窮理始心
知得盡，性得盡。自然這亦心係包有眾理之所在，祇是於物上說
窮理之工夫，即格物窮理之要，排斥專於心上去窮理。換言之，
於心上窮理，則會以心觀心而生二心之葛藤，以心觀物以為於物

上不若一一窮其理，卽是從程子所謂一草一木上的窮理的。忠憲雖是從朱子的，然見朱子學亞流之窮理向外求理，其結果，心與理相離失其歸著，陷於支離之弊，遂以爲必得經體認自得達至心理一體之渾一處，謂此乃朱子格物之主旨所在。因此，其間雖難言無有唯心的陽明學之影子存在，但卽便視其同爲渾一立場，忠憲與陽明，我們仍須看出其間之不同。何以如此，因前者以理爲本，後者則以心爲本所致。

　　忠憲之所以如是說心理一體，說體認自得，不外乎是爲著替因王學一派而其見解遭致被評流於支離破碎的朱子格物窮理之說。正因於此，忠憲深深認識到了心與理巧妙結合之處的。故於格物之工夫上，亦是說反觀默識和反躬的。其結果，在主靜體認爲格物之根本，以格物爲未發之法，卽喜怒哀樂之情未產生之前，以理爲體認之道，稱朱子之格物乃已發之法，卽喜怒哀樂之情產生之後才去求理之道，以此擯棄了朱子說。如格物係如忠憲所說乃體認自得之工夫，那行格物之工夫立可盡知，意卽成誠了吧！因而，於格物窮理上自是要重視居敬的了。此亦可謂居敬卽窮理。故忠憲力說朱子之居敬，此雖仍依朱子而說整齊嚴肅之敬，但以主靜未發爲入手處，以主靜之工夫爲學之根本的。忠憲雖如是說靜、說敬，但他仍是認爲敬內藏有化鐵於金的力量，其敬亦是本體之作用所致，離開了工夫卽無本體。故以爲所謂本體卽工夫，工夫卽本體。因此，他所說的敬，可以說並非就是原先朱子的敬。

　　作爲靜敬工夫，忠憲說此係求心之收斂之工夫，卽靜坐。其時如不以平常及自然爲旨，則將生執着於物，追逐於虛的弊害。而初入門者如以此平常自然爲旨而行，往往會陷入散漫難以體認

性，爲解決這一弊害，須以朱子整齊嚴肅爲旨之主一（將心於專一）之敬爲入手處。而工夫卽本體，且以居敬爲主靜之工夫，應當看到，這與朱子以貫穿動靜之敬爲旨的意圖多少是有所不同的。

忠憲講述以渾一之工夫爲旨的格物，其所用之深意在於本體與工夫之一體處，此是不言而喻的。他取顧憲成重修說和鄒南皐重悟說之長處，形成了自己精妙的一體說。例如，他承認反觀默識來覺醒心性的積極工夫上有遍照恢光之力量（《遺書》卷12，〈關僧淨六先生〉），並視其爲轉妄心成眞心之工夫，充分認識到了本體與工夫，悟與修之間巧妙結合的地方。故對本體之悟，具有將假妄轉爲眞正的力量，在說工夫之必要的同時，又說此事如不經事上之磨練，則會陷於虛，故必須有悟後之修（同前書）。但是，其基本是以重修爲宗的。故，道無聲無息，僅有躬行，遂重視躬行。忠憲雖批判了陽明，但以上述論點看，在其看不見的地方，可以說還是吸取了陽明的。因此，忠憲的朱子學，稱其爲經過了陽明學而產生的新朱子學也是言不爲過的吧！本來東林學發源於王門，創始之顧憲成之學發自王門薛方山這一事實卽是佐證。

以上概述了忠憲的學術思想，而寫給霜山的端山書簡中的學說，很明顯，與忠憲學說是有相通之處的。端山自江戶西歸後的思想，與忠憲等東林一派思想有出入處。《端山遺書》卷4中有〈高忠憲贊〉，大約是寫成於此時。其時端山與顧憲成、高忠憲同倡性善說，反駁陽明的無善無惡說。端山寫批判陽明〈花間草篇〉（《傳習錄》）無善無惡說的〈無善無惡辯〉（《未刊草稿》），是在安政元年（1854）二十七歲時。端山與佐藤一齋、東澤瀉等

人同主性善說，批判陽明及王門一派的無善無惡說。但依他〈無善無惡辯〉看，性因其善，故可成經世之大本，如以無善無惡爲性，將使人妄行成爲不恥之小人。陽明〈花間草〉說，無外乎無善無惡之旨。端山如是倡性善說，並非否定無善者善，而是反駁王門一派不執著善卽無成之辯解之說的。與炎之外無火，潤之外無水一樣，善之外亦屬無性。性之本體原是善，從執著之有無說無善無惡者，乃不知性之本性也（《學習錄》）。他還認爲，性善的善，這不是與惡相對的這胡致堂的性說也是要反對的。指出這是將虛無作事的佛教的思維方式（同前書），這在他身上自是作如是觀的了。

端山與忠憲一樣，稱「心與理衹一。故窮理非以吾心窮物之理。物之理卽吾之心，吾之心卽物之理，不可將其作二」（同前書），以此來說心與理之一體。朱子說到窮理時，言「僅心與理」。朱子認爲，心是備衆理應萬事的，且又是靈妙之存在，就物而不窮理，則心難盡。事物上之窮理乃盡心之本體之道，甚至心亦可視作物，須窮其理。如前所述，努力要避開在以心觀心上所產生的葛藤。朱子在「心理」二字之間要加入一「與」字，其理由亦在於此。這雖不是將心與理一分爲二，但也不是直接就歸爲一的。朱子如是說，是因爲痛感到了見於禪或陸學的唯心論，心卽理說之弊，搞得不好，會導致產生粗雜的或空虛的心作爲理，輕視人倫嚴肅存在之弊病的。故朱子雖在根本上將心與理視作一體，但並非馬上就像陸王一派那樣以心爲理的。陽明等人曾非難道，朱子在「心理」之間加入「與」，是將心與理分離開來，以窮理於外求，會陷入支離。而忠憲等東林派新朱子學者則反駁道，朱子事實上是說心理一體，陸王的心卽理說，僅以心爲

本留下了理，反而是失卻了心理一體的東西。端山則認爲，正王
學之流弊，又自朱子學末流之支離弊中脫出，是可以復朱子說窮
理於眞正精神的。端山學東林諸儒一樣說基於內外渾一立場的格
物說，其理由也正在於此。因此，端山也引用了忠憲之說，以此
來闡述心與物巧妙結合，理義之一體，體用之一源（同上書）。因
將格物窮理如是看作了渾一工夫，故他認爲「朱子的格物致知如
在性上求則明白」（同上書）。這樣的格物，在是工夫的同時，
又是遵循本體的自然性立場，無性立場的吧！卽，於事物窮理，
將盡性之精微。如是，雖說於萬事須得一一窮理，亦無憂會陷入
支離。爲什麼呢？這是因爲，可視其爲自然平常之工夫，因此一
性上的工夫乃朱子之格物窮理所致。端山說，在朱子的格物工夫
上，有於實事實踐顯著處成者，有於意念思慮之隱微處成者，有
經讀書而成者，有與人講論時而成者這四種類型。所以，這是的
確完全無缺的。並以此批判了稱朱子之格物爲支離外求加以非難
的陸王一派說。指出彼等言心卽理、言致良知，實是輕視窮理的
東西，對其進行了駁斥。例如對陸子，他非難道：「一言半句汲
汲而嫌支離，其乃未至工夫乃基於自然性且任其自然性所致」
（《學習錄》）。對陽明，則批判道：「雖以一旦豁然體認到了
良知，然其實係基於朱子所言窮理之功。雖如是，陽明對朱子
之窮理力圖駁斥之。此乃飮水而忘其源是也」（同前書）。

端山將宋儒與明儒之學相比較之後道：「宋儒之學因貴理一
分殊，故多有不理會處，落於支離。明儒之學因喜單刀直入，多
有不理會處又顯荒唐。然宋學乃得聖人之旨也」（同前書）。說
起來，傾向於朱子學的端山，隨著因忠憲等人的主靜體認之學而
對朱子格物窮理說理解的加深，又痛感到世間朱子學者之窮理欠

透性而有陷於支離之弊，同時，亦開始觸感到陸王的心學亦有破綻。

如前所述，端山一夜靜坐而悟明道之仁之旨，可以說端山之學，其一生均以明道渾一之學風貫而穿之。說起來，此明道之學，有人認為可視其乃陸王學之母胎。因此，端山當初雖說傾向於朱子學，是認為以天理為宗旨的朱子學末流或生支離之弊，以良知為宗旨之陽明學末流或生猖狂之弊，均係未好好體認這些學問之宗旨的後學者之罪，個中可謂更有朱王折衷傾向之存在。端山誠心誠意寄心的忠憲等人的東林學，是已經通過了陽明學的新朱子學，一方面是具有與陽明學相通之處的。如忠憲的主靜體認之學，因與王門歸寂派說有相通之處，以澄默透徹之深切體認為旨的端山，初亦認定了歸寂派之說，視於拯救王學末流猖狂之弊有功之聶雙江、羅念菴為王門功臣，端山稱之為刀刀見血之彼等體認上兩者自是契合的。本來，歸寂派雖說可謂王門之一派，又具有接近朱子學之類的學風，大致傾向於朱子學的端山，會認可此派亦絕非偶然。此歸寂派之說，因與明初吳康齋門人陳白沙的主靜說有相通之處，端山亦認為「藏而後發」的白沙主靜說與端山「收斂發散，發散收斂。一時不得已則生之」（《學習錄》）這體用一源之旨說有相背之處，但仍視白沙說「由以靜坐為本之存養明天理之端緒」為正，且認為此說朱子已論，而歸其本源於朱子學（同前書）。

第九章　尊信朱子學

端山雖然以後變得一心以朱子學爲宗，但其後排斥陸王學，晚年說主靜，篤奉宋學之祖周子、朱子之師李延平的主靜說，於歸寂派之說未論及。那麼，他又是從幾時起專心信奉朱子學的呢？

端山六十歲時，在《學習錄》中寫道：

> 余昔在一齋佐藤先生之門，得從訥菴大橋先生，始舍舊習從事此學。一夜端坐燃香，恍然如有悟心體之妙。時訥菴先生之學，猶出入於姚江之域。余所悟者，亦不免爲鑑中之空影。已而西歸，閉戶講習，一遵奉程朱之教，痛矯明儒之病。訥菴先生，亦脫然一新，往復書信，指導宋儒之旨。

由此看來，專奉程朱學，端山、訥菴幾在同一時期，端山似更早一些。訥菴於陽明學抱疑念且斷然放棄陽明學，專守程朱學，此在訥菴自己於安政六年（1859）六月十五日款致草菴、端山的書簡中曾述及。其時端山三十二歲。文久元年（1861）端山致函霜山（《霜山遺書》卷2），信中詳細敍述了端山專守朱子

學的經過。端山寫道：（己）在一齋塾時雖有意慕朱子之學，然
實際上其時仍停留在陽明學之範圍之中，見霜山雖循循有悟，然
終是不曾聽進，其罪不小。今思之仍不堪慚愧，無以容身。霜山
西歸後，與大橋訥菴、新宮士敬等不得講此學而西歸平戶。然朱
子當尊，陽明當賤，朱子正派，陽明別派，對此彷彿有窺之處。
遂始尊信明末東林之學，又以靜為主遺動，陷入偏重《中庸》所
謂「尊德性」之病。其被逐官務，服父之喪從朱子家禮，以來，
沉潛又勵學業，因繙朱子書得瞥見主敬與窮理之訓，遂決然立志
而掃舊習，專用力於朱子書，唯歎悔悟之晚。端山稱朱子所訓高
明正大，乃及青天之白日，極力贊頌。

　　自立志聖學以來，端山就努力於主靜體認之學。尤以修忠憲
之朱子學以來，此學愈見精切。然專一此學，自然遺動而偏靜之
弊，此亦是端山致霜山書簡中談及的。為此，輕「分殊」重「理
一」，忽略「道問學」，傾於「尊德性」一面；或輕窮理，偏存
養，失平常之道，或生向過高之缺陷。然而，隨着多讀朱子書，
對朱子學理解之加深，此類缺陷得以反省，其結果，於陸王學
開始持批判態度，於東林亦不傾向，轉為以朱子學為宗且努力鑽
研。如問端山自朱子學所得究有多少，祇要看一看他喩如一天之
月和萬川之月，看到了他心中的全體大用論（《學習錄》）即可
窺其一二了。其論大體如下：

　　　夫一心之理，猶一天之月也。萬物之理，猶萬川之月也。
　　萬川之月，即各具太極也。一天之月，即統體太極也。此
　　一太極，所以統體萬太極。而一心之理，所以管攝萬物之
　　理也。此其以一人之心而於天下萬物之理無不能知者可以

見矣，是故不窮萬物之理不能盡吾心之體。此既窮萬物之理，其實無所增減吾心之體。猶一天之月，固一箇月也；萬川之月，亦一箇月也。彼是相通，固只此一箇月，非彼不足而此有餘。但有不見萬川之月，則不盡一天之月全體妙用者。此處實有譬喻言語難形容者，識者可默而契焉，此窮理之大旨也。

由此看來，端山是充分理解了朱子的全體大用論，理一分殊論中所見窮理說之精神的。朱子認為，事物之本末精粗，惟經一一窮其理，始全心之體，使其用大。此乃朱子全體大用論之關鍵所在。端山可以說是充分身體力行了這一點的。但是，一一窮事事物物之理，以此盡心之全體大用，窮理本身必得是盡心性之類的工夫的。這樣的窮理，如不伴有存養工夫，也是難得其真的。然轉向專守朱子的端山其時的窮理，於這一點上也不是沒有欠缺的。

朱子學與陸學相對上的特色，如訥菴亦曾所言，可以說是在窮理這一點上。因此，訥菴尤用力於窮理，以致忘記了朱子學說居敬與窮理並用的根本精神，變得生出偏勝窮理的弊病來了。從端山三十四歲時寫給小笠原敬齋的書簡（〈與源義卿書〉）看，意欲切實改正陽明學舊習的端山，一時也曾陷入了這一弊症之中。但終於求理甚多，存養漸少，最後認識到了其習已陷於記誦俗學之中，始說居敬與窮理之並用之必須，且更認識到需得以居敬貫窮理之始終處為朱子學之關鍵所在。端山從這一立場出發，評訥菴之朱子學，指出其陷於窮理偏勝，為不知存養乃窮理之本，其說遂誇大浮華，乏篤實深淵。而其常愛清初朱子學者陸稼

書卽爲一證（同前書）。這之後，端山就一心努力，於以存養爲中心的窮理了。

　　端山視以爲要的存養工夫，不用說就是朱子的居敬。以端山看，朱子認爲居敬與窮理乃如鳥之兩翼、車之兩輪，當並用不可棄一的。然朱子亦知如此學仍有陷於浮薄之弊，遂以居敬爲窮理之本。此乃朱子學之主旨，亦在朱子《大學或問》中述及。由此，端山三十五歲時寫給近藤信卿的書簡（《端山遺書》）也曾說道：居敬與窮理雖是循環相卽的，然其間有本末內外之順序，內之工夫的居敬乃本之存在。但居敬爲本，與其說居敬先行於窮理，莫如說此乃貫穿窮理之始終之事，換言之，非以居敬爲窮理之手段，而以居敬爲窮理之終、之始。故居敬者又可稱其爲貫知行。如是，在端山看，居敬存養其本身卽爲窮理；窮理其本身卽爲居敬存養。他眞可謂充分體認到了兩者的一體性存在。端山道：說精密詳細之未發存養，乃《論語》所謂「博文」；專心學習讀書之窮理，乃「約禮」之意味（《學習錄》）。這些話，足以說明端山的觀點了。

　　在居敬上，端山以「整齊嚴肅」、「常惺惺」、「心收斂而不容一物」這朱子提出的三條爲旨。「整齊嚴肅」，卽所謂肅齊容儀，此乃程子所言之敬；「常惺惺」，卽所謂時常覺醒本心，此乃程門謝上蔡所言之敬；「心收斂而不容一物」係收斂心而去一切邪念，此乃程門尹和靖所言之敬。朱子所言之敬，雖是包容貫穿這三者之事，然究其說，以程子「整齊嚴肅」爲主。但端山以主靜收斂爲根本，稱此爲「本領一段之工夫」。且進一步說明道：「使心常在肉體內，乃本領一段之工夫」（同前書）。他還據此認爲是「止水、生明」。在端山愛用的硯蓋上，有銘文「禮

卑」二字。此取自《周易‧繫辭傳》「知崇禮卑」一語。端山捨
「知崇」而取「禮卑」二字，大概是基於因以居敬存養爲窮理之
本，學之本領這一主旨的吧！何以見得？因他認爲，禮之心乃
敬，知乃窮理之明，故此乃「此心確立知則明」（《學習錄》）。

　　及至晚年，端山的朱子學亦愈顯精微。此若一讀端山五十歲
與五十二歲時，答門人海部士毅三封書簡中所論，即可明瞭。士
毅乃端山高足，最充分繼承了端山朱子學的一位儒學家。從信上
看，當時的士毅於朱子學上尚有未到之處，端山指出了這點，以
期所學能有大成。五十歲時的書簡中寫道：心體乃大虛，於動靜
感寂之外，並非有一個固定、不動的東西的。這是指出了士毅認
爲多少有些不動之存在，以告誡士毅要注意這一傾向。

　　在五十二歲的書信中，顯見士毅的格物窮理說有未透徹之
處，故又重說己之窮理說，以供士毅爲學之資。以端山看，所謂
格物，即窮物之理事也。故於萬事萬物，須得一一窮其理。窮此
之主體，即吾之心。然此心亦與他物相同，其質料固是形而下之
氣，故亦是物，同爲一氣貫之。祇是心與他物相異，乃天地神靈
之氣集凝合成之物，主宰萬物之物，故窮事事物物之理，總而言
之捨窮一心之理外別無他途。但如若不畏敬、專一、湛虛此心，
則無以綜合眾理盡其精微。歸根結蒂，萬理即一理；一理即萬
理。祇是大賢以下之人，因有爲心之所蔽之處而匪通萬理，故難
達心之洒然之境地。所以須於事物一一窮其理。持而續之，則心
達此境地。祇是於事物窮理事，非另求心外之物之事也。何也？
因除窮心之理外別無他途，故格物窮本身即可成盡心。此並非專
以內爲主的。何也？因心乃主宰萬物之存在也。就這樣，端山解
釋了朱子格物說上所述之「心與理」之主旨須明確，窮理萬即

一、一卽萬之所以。

如前所述，端山說居敬與窮理之並用，且視居敬爲窮理之本，故看其答門人海部士毅第三封信可知，士毅在說以存養爲窮理之本時，指出一言不以足，戒再三說，語意之間或有將窮理與存養作別樣工夫之處，弄明白《大學》窮理中有存養之事，告兩者乃一體之事。端山認爲，《大學》乃窮理之書，以知爲主。僅就窮理而言，存養在其之中，無須非言存養。例如論及讀書，無論說存養，說窮理，無外仔細讀書一項，所謂不過讀書之異名也。如能凝精神而專一念慮，虎視眈眈仔細玩讀精誦，則無必要言存養。以此看，就可以說其時之端山窮理論乃何等精切之物了。端山理一分殊，存養窮理思想上，並非產生了什麼大的變化。其學之進步，可謂以「熟」之一字盡之。這亦不妨可謂之爲以深刻體認之學爲宗的端山思想特色之所在吧!

第十章 決藩政之動向

安政五年六月二十日，三十六代平戶藩主壹岐守曜君卒。時四十七歲。嗣子詮君即心月公遂襲封父位。公年少端山十一歲。詮君其時寓江戶，翌年四月經長崎歸平戶。公乃一明君，一俟歸藩，即着手藩政改革。公自幼好文武，於文武之研修不遺餘力，入部後，政務倥傯時亦未怠講習。安政六年七月朔招平田貞次郎（齋節）聽《論語》之進講；同月二十日又受種村要人《武教全書》之進講。其後定《論語》之進講於每旬一之日；《武教全書》之進講爲十之日，親聽進講。又自種村要人於八月二十四日受山鹿流兵書戰法；十月七日受兵學築城七條之傳授。十二月十六日自小關三七受心形刀流之劍術傳授。平田貞次郎九月六日更爲公進講《貞觀政要》，並定下每旬六之日爲進講日。其間八月十一日於別墅樓花園呦呦舍開詩會，翌年萬延元年三月十二日設觀梅宴開詩歌會。據說其時葉山高行（鎧軒）、葉山高詮、縣學弘、片山義高、市山廣興、桑山良知（栗齋）、谷川知周（爲春）、淺田正鳴、高力一貫（雙石）等均作有漢詩。萬延元年六月四日葉山鎧軒進講《書經》；碩水進講《近思錄》；長島賀右衛門講戰法。如此，公觀政恤民之暇，屢屢召侍講聽經書及兵書之講義，時又招有志之士開輪講順讀之會。是歲歲暮雖東觀，然

於江戶仍招大橋訥菴聽《近思錄》之講義。講義結束，又移至詠歸亭與訥菴評論古今，品隲治亂之迹（《松浦詮伯傳》、〈詮伯年譜〉）。

心月公乃如是篤學之人，退居針尾的端山，亦遵特旨奉命往招江戶侍講。此時文久二年（1862）正月，端山三十五歲。是時端山進講朱子〈白鹿洞書院揭示〉；六月又進講《周易》。公對端山信任甚篤，不久卽解近侍之職，命端山爲得雨齋修選。得雨齋乃心月公幼小時所建之新居。其後經書之講義，遂專由端山進講了。

公遇儒臣頗厚。此自是年東覲途經廣島時，派侍臣往淺野侯儒臣秋陽邸一事上卽可看出（《松浦詮伯傳》）。得公之知遇的端山，文久二年八月上疏〈立志疏〉與〈主敬疏〉；翌年八月上疏〈讀書窮理疏〉，說已篤信之聖學要旨，力促公身體力行王道精神以舉治政之功。三疏均爲公所納。據說疏〈讀書窮理疏〉時，公特命端山口誦疏文，又命口頭論述文之大意，且於文之內容進行了種種談論（《自著年譜》）。

現將三疏之要旨簡說如下：

立志疏

1. 人與天地成三才，而乃至靈至貴，本來人無聖愚之別。然若自汙壞賊滅，則竟無以與天地並存。故立志乃必須也。自古王公大人於學道必立志，志爲先。

2. 「志氣之帥，氣體之充」，故人身四體皆由志支配。故志立則一身皆肅然而聽其命。

3. 人體之氣與天地宇宙之氣同，故兩者間無區別。遂吾

志若立，天地之氣亦自然感動。故立志乃天地裁成輔相之功也。

4. 志立，百事皆得道，修身治國皆得其實效。故修身乃治國之基，修己治人之術。

5. 藩公之身乃嵯峨天皇之氣傳之所，其位乃左相公餘慶保之所，其黎庶乃松浦公遺愛付託之所，故其一舉一動，一呼吸，上通祖宗之靈，下通黎庶之心。

6. 總而言之，立志乃爲學修己治人之根本，贊天地位育大業之所以，故須篤立其志。

　　以上，端山依據孟子立志說，張橫渠的萬物一體說等敍述了立志乃爲學之大本，天地裁成之根基的道理。

　　居敬疏

1. 志立則學得其要。學之始終在敬。心本來乃一身之主宰神明宿之所，爲具眾理應萬事之靈妙所在，通宇宙亙古今。故治平之大業，萬機之繁務皆由之出。隨好收心否乃聰明聾暗之分所在，治亂興亡所繫之所在。故學之要捨其而無他。

2. 敬乃心之貞萬事之根本。敬之功自小學而立。即循小學之教語默起居，行住坐臥如皆得法度規矩，敬之功始立。

3. 敬之功由大學而完成。即用格物致知之工夫盡心體之明，若加以誠正之功行之，察則密，養亦熟，心體瑩然湛然，將其外而推之，修齊治平之業則自得其實。

由此敬之功始得成就。

4. 敬乃於身心之際上之畏敬之心，若應事之際整齊嚴
肅，不知不覺心廣體胖，與天地並立，優入聖域。至
此始能默會敬之體用。

以上，係端山引用朱子居敬、《書經》、《論》、《孟》、《學》、
《庸》及董仲舒、程子等人諸種說法，解釋其內容的疏文主旨。

窮理疏

1. 人之一身有渾然之天性，中具萬理。故身修事業成
者，皆由此天性。此性純粹至善，方寸之中完具仁義
禮智信五德，發而為四端五常。所謂天秩、天命、天
討亦皆此之用也。天地萬物皆備此理，無彼此之間與
我一體。所謂聖人乃得此至粹至精者，常人因受拘氣
禀受蔽物欲淪於舊習，故無以全五性。此所以講學窮
理之必須也。

2. 窮理之法，在朱子所謂「考之事為之著，或察之念慮
之微，或求之文字之中，或求之講論之際」。若用此
窮理之法，則可變化氣質除去物欲。

3. 於窮理之第一急務，在讀書講學。講學之先四子六經
為其根本。何以見得？因此等書示通古今之大道，明
人心之本體。故須一味沉潛聽聖賢之言，應事接物，
日用彝倫，朋友講習之間，全循先王之言行。

4. 於事之上窮其理，積而累之，遂豁然明通貫通萬物一
源之所，吾之聰明亦無有不盡之處。至此習弊之陋不

累，氣拘物蔽亦自得除去，意誠，心正，身修，推之
於事業則萬事得其道。

以上三疏中所說，皆係端山經刻苦精勵而到達結果所獲之
事。故於〈窮理疏〉末端山道：

此則臣二十年來，遵奉古訓不敢失墜者。今日悉用奉告於
閣下，固知涓埃之微，不足仰裨江海之量。但臣孤忠狂
愚，漫欲輸其君之寸丹爾，唯賢明採擇焉！

讀此三疏可知端山其已知朱子學要旨所在，亦可從中窺出，
在〈立志疏〉、〈居敬疏〉之後上疏〈窮理疏〉，端山的朱子學
是十分重視體認這一點的。
文久三年(1863)三月十五日，端山自藩主處接到了前往京都
的命令（《自著年譜》）。在前一年四月，京都發生了寺田屋騷
亂；八月又發生了生夷事件，國內局勢不穩。其間佐幕勤王之徒
互爭互奪，國內情勢發展亦屬無可預測之中。對端山下發之令，
或許正是讓其探究京都當時之情勢的。朝廷中自孝明天皇即位以
來，其權威日增，已成掣肘幕府之態勢。心月公勤王之志甚篤，
文久三年三月二十一日朝廷下內勅至正逗留江戶的心月公，告其
攘夷之議已決，命其於自國之海岸及壹岐防務上不得懈怠。
勤王乃松浦家始祖以來之傳統。心月公勤王之背後，更有奉
楠公精神的端山等人的存在。平戶藩首倡勤王的就是碩水。而當
幕府背底裡偷偷獻媚外夷又不奉朝旨時，力倡尊王之大義激勵藩
主，使其決意向背的，則是端山的力量。

端山的勤王，由來於楠公精神之體現。此乃端山夙志之所在。慶應二年端山作〈述祖德詩〉（《遺書》卷1）頌揚楠公忠勇道：

　　　述祖德詩

　　恭惟皇我祖，派出於天潢。　帝敏達之裔，實維呈嘉祥。
　　嘉祥維何期，珍菓浮盃裡。　凌雪操愈堅，經時節不徙。
　　褒忠賜吾姓，位階極人臣。　詒謀施孫子，義訓永奉遵。
　　自一拜明詔，普天討國賊。　臣在安宸襟，金剛極死力。
　　海上捧天日，再見乘六龍。　陰雲未掃盡，但怨雨冥濛。
　　逆氣瀁湊川，忠謀奈不行。　效死報主恩，使人泣遺命。
　　終始奉眞王，闔族克嗣服。　神州鍾義氣，千古流芳馥。
　　吾宗承支族，親親不可諼。　祖德難傳述，整襟作此篇。

因此，當藩主在江戶逗留時，亦作贊先君肥州公（定君）勤王事蹟之文呈上藩主，極大地鼓舞了藩主的勤王精神。

文久三年七月藩主心月公一俟返歸平戶，卽每日開經筵命端山講《大學》、《孟子》；命有浦孫太郎講《貞觀政要》；命桑山助之進講《武教全書》。並會羣臣使之順講戰法。是年十一月二十三日端山受命任大小姓班、助教兼侍讀，受藩主學政之委囑，實施學政改革。當時雖設有教授制，然乃一紙空文，素以助教當其任，且於教官之選任上十分嚴正。因實施改革，教官得優秀人材，學制亦進行了大規模整頓（〈端山墓碑〉）。在端山心中，也許是想以此來一掃藩學之宿弊，革新內外制度，以圖聖學之振興的吧。關於學制，文久二年（1862）五月碩水亦曾以封事

提出過意見，但其時未被採納（《碩水先生日記》）。其內容，
與端山所想的大約不會有什麼大的出入的吧！

元治元年（1864）六月，筑前的使者來到了平戶。據說此行
之目的是熔硝的研究及牧地調查。平戶藩讓村尾覺助來接待使
者，並趁此了解福岡藩的動態。心月公在江戶時，曾寄信隣藩的
唐津、佐賀、大村、福岡諸藩，傳善隣國防之旨，使各藩保證合
作。歸藩後，公卽整內政嚴海防。當時各藩尊王攘夷與佐幕論沸
騰，議論激烈，動向亦在不易決之中。隣藩又是大藩的福岡藩的
動向，對平戶來講尤爲重要，平戶藩亦派桑山衛士助、早田治
助、岡佐太郎等往筑前，以便常探形勢。且於京都之情勢亦力求
常得詳細情報。元治元年四月，聞知福岡藩侯，松平美濃守世子
下野守自京都歸藩，爲了解有關攘夷之朝議，曾派志自岐莊衛
門往福岡藩。下野守二月上洛以來，於長州藩問題陳請朝廷，建
議幕府舉公武一和之實。又奉朝命面諭毛利慶親父子，頗爲國事
四處奔走（《詮伯傳》）。平戶藩其時亦內外多事，情勢十分緊
張。當此之際，藩主最以爲賴的，就是端山了。是年六月，向端
山諮問勤王攘夷之大略的心月公，聽了端山建議愈發堅定了勤王
事之決心。其時於時務上端山亦有建議上達，其主旨是開言路，
舉賢材，去宿弊。端山是夙抱尊王攘夷之志的。慶應元年在贈出
發往對州執防備之任者兩首詩（《遺書》卷2）中，表露了他的
心情，詩曰：

　　杳渺水連天，孤帆入碧煙。三韓定何處，二島不知邊。
　　御氣鵬張翼，起濤龍躍淵。覩征攘敵迹，遺烈撼坤乾。

遠遊邊海外，千里水程平。浪動乾坤泛，雲開斗漢明。
短篷無所泊，孤帆不堪情。雄壯詩成日，長吟好騎鯨。

元治元年七月十九日，接到大阪藩邸留守居役有關發生蛤御
門之變的消息，藩主卽遣松浦右膳往京都奉伺天機，端山隨行。
但當一行所乘之船抵鷹島時，因外國數隻艦船來襲長州下關而航
路堵塞，且京都事變已呈平穩，得此情報，一行就被召還了（同
前書）。端山歸藩時，又獲藩主令其於治政事上直言其意，遂進
言十事，曰：教化、農本、賞罰、輔弼、財用、山澤、刑獄、將
帥、軍費、改革；所言之事大獲嘉納。

在藩內藩外多事多端之際，端山深得藩主信任，爲感激知
遇，繙史而思祖公楠氏之誠忠；見月而思君主之厚恩；侍宴而贊
君德之大；且吟於詩而再誓盡忠報國之志。由是，端山也日漸忙
碌起來，但一得閒暇仍努力觀物求道體，靜養悟道體。祇是因非
己之分的官職所牽，時慨嘆有違背求道體之存養、讀書窮理之方
面，下面的詩，也許是他心情的寫照：

偶　成

拖筇乘好霽，村北又村南。向朝開竹徑，顧言訪茅菴。
中有垂白叟，向我促清談。清談何所道，兩兩又三三。
陰陽三兩數，這裡萬象含。至理不可見，徘徊好沈吟。

步　月

秋氣天方霽，月升日落初。趁光經泮水，踏影過林閭。
丹桂飛鳴鵲，金波活潑魚。西風無限景，閒步意何如。

暮春雜興

公餘愛幽寂，披卷坐茅簷。有命難徼幸，無時不養恬。
落花清似霞，飛絮白於鹽。香煙消未盡，片片出疎簾。

春　興

紅花綠柳滿江湖，漠漠晴煙澹欲無。
一片詩思難狀得，憂琴峯上月輪孤。

秋　望

此日澄秋氣，小樓臨碧漪。水開魚子躍，嶼動釣舟移。
天外雲將斷，眼中景轉奇。思詩詩未就，袖手立多時。

冬夜煎茶

夜竹韻寂寂，寒燈光欲凝。鎖戶無一事，獨坐神自澄。
吹炭發微火，茗香氣蒸蒸。此中好尋樂，偶然亦曲肱。
琴書境絕俗，四壁清如冰。思不出其位，斯語宜服膺。

遊　山

吾性愛青山，青山有何好。體重鬱蒼蒼，氣高望渺渺。
幽人扶黎杖，緩步攀羊腸。浩然滿心氣，逍遙弄景光。
脚下起飛雲，袖間沖俊鶻。飄飄如步虛，乍覺成仙骨。
低首俯人界，滿地漲紅塵。日月過忙裡，醒醒惟可憐。
奈何山中遊，襟懷如此爽。何日掛朝冠，辟穀學導養。

端山是一位儒學家。因此，是不能將修聖學與治政一分二途

的。故雖勵經世之業，於「修己治性」上是無有一日忘懷的。這樣，在寫給立志功業離別家鄉的人的送別詩（《端山遺書》卷2）中道：

> 男兒志業在堅剛，書劍飄然渡硯洋。
> 月影易搖篷底夢，雁聲應斷客中腸。
> 立身功恐或虧簣，慎獨幾嚴於履霜。
> 喫苦吾人雙字符，朝風暮雨勿相忘。

以說不可懈怠「慎獨」存養之工夫。

不久，天下之形勢變得愈發不可預測了，福岡藩俗論得勢掌握了權力，勤王志士多遭處決，藩內形勢動盪不定。水戶藩亦發生了異變。從京都的中山忠能鄉處，平戶藩主收到了一封信。信中稱如此下去，國體將難維持，當此實悲歎千萬云云。信是慶應二年（1866）六月八日收到的（《詮伯傳》）。由是，心月公命文武諸官以封事論時勢。端山其時亦有封事上疏。其詳細內容雖不得而知，但似乎是如同宋代陸象山一般，自「理」與「勢」論世情之變遷，言惟教育民乃當務之急。據說心月公讀此卽以書褒賞端山（《自著年譜》）。

是年七月，端山進中老嫡子格、準小納戶頭，助教侍讀之職依舊。但十二月再次臥床不起，病身至翌年三月仍不治。雖上書乞請辭職，但未獲准。

其時外夷逼迫幕府開港通商，國之內外愈發告急。慶應三年（1867）四月，因有風傳幕府意欲開港與外夷行貿易，薩摩藩請求心月公一同赴京，以合力抵擋外夷。公遂就此可行否，問端

山。薩摩藩之請求係經大久保利通帶來，將此報知平戶的，則是
熊澤右衛門。此右衛慶應元年（1865）四月赴京面見薩藩的西鄉
南洲等人，其後又與大久保、岩下、內田等名士相交。於勤王上，
是相信可依賴的祇有薩摩藩的一位人物。端山答藩主諮問道：

1. 無朝廷命令，不可擅自離藩廢藩職。
2. 不可有結黨干與朝政之事。
3. 薩摩藩乃從權道尚功利之人，不可與之共行動。
4. 當此朝廷命令不行，列藩意見各異之際，不慎舉動，
   則生不測之禍。
5. 雖說幕府已衰，但仍握與奪之權，不可輕侮之。

端山列此「五不可」論，陳上藩主拒絕薩摩藩之請。藩主
遂命葉山野內赴京，着傳此意於薩摩藩（《自著年譜》、《詮伯
傳》）。

慶應三年（1867）正月，明治天皇踐祚，十月朝廷下令命促
列藩藩主上京，心月公遂率家老以下二十六人隨員上京。端山作
爲小納戶頭也加入了隨員行列。端山當時有留別之詩贈平戶友人
（《端山遺書》卷1）。從詩內容看，端山對友人最爲要求的，
就是要以講學得道體之眞。一行循水路向京都。端山一路走一路
寄情於詩。舟泊鷹島，他自蓬窗嘆旅途之情；泊呼子浦，他又追
念當日遊學京都之往事；眺玄海星月之夜，心中誓效忠貞愈堅；
望對州於霧中，左望右看壹岐、筑紫之羣山，又思當日元寇之
事。盡忠報國、安民治世之情勃然而上湧，時不時難禁一吟。過
小倉城下時，念及亡友敬齋與己相交之誼，爲死別之無情而悄然

淚下，吟一詩（同前書）慰敬齋亡靈。待舟過關門而東行，途中
又訪吉村斐山於三原城下。其時，斐山之父秋陽已成故人，二人
遂會飲小樓重溫舊交。端山當時作詩贈斐山，詩曰：

> 雙鷺灣頭駐客舟，與君相遇共登樓。
>
> 孤帆影沒煙汀遠，細雨聲寒晚浪收。
>
> 詩寫中情敦友誼，酒催清興遣鄉愁。
>
> 無涯光景江城外，太耐聯襟作勝遊。

　　一行於翌年正月安全抵達京都，心月公遂參內奉伺天機。三
月十五日，天皇親率公卿列侯祭天神地祇於紫宸殿，立五條誓文
定國是，公亦參列這一盛典（《自著年譜》、《詮伯傳》）。端山
抵京都時，偶遇友人新宮士敬，兩人爲此奇遇激動萬分。士敬亦
是爲勤王奔走呼號的志士之一。其時雖是天皇親政之世，但國內
局勢依然不穩，世情之所向亦在難測之中。故二人既爲相會於王
政復古之盛時而喜，又因胸中往來乃憂世之情而感慨無限。三月
十七日，天皇爲親征幕府行幸大阪，心月公亦供奉此行。作爲隨
員，端山當護衛之任。端山於大阪眼見時世之推移，不覺感慨卽
有仕漢文帝之賈誼般忠誠，亦難行宋代慶曆名臣、說先憂後樂之
范仲淹之巧謀這一至理。

　　逗留大阪期間，心月公沐浴天皇恩遇，受命於城中進講《大
學》。依當時端山寫給其弟碩水、松陽書簡看，公當此大任曾十
分憂慮，然其講義給予傍聽的公卿、侍臣以極深印象。尾州公尤
爲激動，對心月公背後必有偉大師儒一事確信無疑。

　　平戶有碩水等人所建的塾，名櫻谿書院。書院有來自各地的

藩士，丹羽精五郎、海部士毅等亦曾遊學於此。此仰仗尾州公之
力甚多。精五郎明治元年在京都時，知西肥有大儒端山，終乞請
藩主，受命來遊西海。其後他又與同門志佐要一郎等同爲擁立島
津公四處奔走。士毅與精五郎相同時期來平戶，學於櫻谿書院。
士毅有收集了他二千數百首詩的《一電詩稿》上下二編，此詩集
於昭和八年刊出發行。士毅十五歲時入塚田謙堂門下；十七歲時
從學細野栗齋。他向慕春日潛菴之學風，曾赴京都請教，但遭堅
拒，不得已而歸國。他勤王之志甚厚，尾州雖爲幕府之親藩，然
他力言陳情國老，終使藩主馳王事。明治元年十二月，受藩命遊
學端山之下，入塾櫻谿書院。期限初爲二年，但期滿之後，他暫
回己藩，乞執政允再遊，終獲准再遊學平戶，受教於櫻谿書院。
他曾述懷當時之事：

> 明治二年正月十九歲，奉藩命令遊西海。首到平戶，便寓
> 櫻谿書院，前後四星霜。余性狷介，負氣凌人，太有輕躁
> 之風。先生深憂之，常戒以涵泳存養說，自是知所少顧。
> 蓋余全性命，而幸及今日者，主先生之賜也。（《一電詩
> 稿・感舊篇》）

從中不難看出端山之氣象、教化確有明道之風。而士毅據說亦是
廢寢忘食努力於修學的。明治四年廢藩知縣後他隱退，明治九年
開和合書院教授子弟。其時，端山書有〈和合書院記〉（《端山
遺書》卷3）。士毅從學端山前後四年，繼承了端山晚年圓熟思
想的，門人中無有及他者。士毅乃端山門下秀才也。最後一次訪
端山他作詩曰：

負笈遠遊玄海西，春風三度滯櫻谿。

得閒點也浴沂意，差覺靈心與物齊。

據士毅所言看，因士毅天生狷介、輕躁，故端山深以爲憂，常告誡士毅成存養之工夫。端山特別指出了他經靜坐而得之本領一段之工夫。《一電詩稿》中有他靜坐得悟之時述其心境的一道詩：

虛明心湛湛

天地廓然清

誰識無言處

神機躍有聲

且說，因天皇親征，幕軍卽往東遁走，京都周圍略顯平靜了。四月七日逡車駕離大阪還幸京都，心月公亦率兵相隨，列前衛之列。四月二十四日公上歸藩之途（《詮伯傳》）。在此之前，車駕行幸大阪的三月十七日，端山詣京都的山崎闇齋墓，獻祭文（《端山遺著》），披瀝後學之微衷。祭文如下：

祭闇齋先生

維慶應四年，歲在戊辰三月己酉朔。越十七日乙丑，後學楠本後覺，敢昭告於闇齋山崎先生之靈。恭惟先生德高業廣，道貫天人，海內所仰。學徹淵泉，眾生所仿。致知力行，貫以存養。先生之生，富嶽降神，崛起日東，接孔朱傳。人文日闢，斯道復新。嗚呼我邦，知有此學。千載之功，實因先覺。覺也不肖，晚進小生。仰慕道義，久欽德

行。玆攀阡岡，伏謁墳塋。清香一炷，謹述衷情。先生有靈，鑑吾微誠，尚饗！

心月公歸西之後，卽圖庶政之一新，銳意實施學制改革。由是，監官廢止，教授統領學政，頒佈關於新課程課業的藩主詔令，卽新功令，正祭孔子的釋業。新功令用崎門之法；釋業從朱子「滄州精舍釋業儀」；且決定祭朱子於孔子廟。此改革舊弊全除，學政一新，藩士皆從之。所謂：

至是舊弊盡革，學政一新。闔藩人士，莫不嚮往焉！蓋自有我藩以來，未有如此之盛也。

明治二年（1869）正月十一日，端山以教授職進大者頭奉行。二月十六日，爲前年作勅命出征奧州戰死的十七人之亡靈，設祭壇於城池崎山，行招魂之儀，建刻彼等姓名的石質紀念碑。其碑文奉藩主之命，由端山草就。是年九月十三日，端山奉命參政，接下來十一月十九日昇進權少參事。在這之前的六月，藩主已奉還藩籍，改任平戶藩知事。其補佐官爲大參事、小參事；其下各有補佐官，稱爲權大參事、權少參事。明治三年（1870）又有藩制改革之命，於秩祿稅類上亦有改正。是年三月二十一日，藩知事心月公爲慰撫藩民巡視各地，端山亦努力輔佐心月公，以對因諸政劇變產生動搖的庶民進行慰撫。

明治三年（1870）藩政改革之時，學制亦奉命改正，學寮亦在樹光寺址建起。八月新功令頒佈，日課制定（《詮伯傳》）。這一切均出自端山之手，均係按端山所信奉的聖學精神作成的。

功令如下:

功 令

一 小近四書五經,可爲正業事。
　書目略之。

一 濂、洛、關、閩、諸子之書,本邦崎門諸賢之傳,可
　爲傍業事。
　書目略之。

一 歷代和漢諸書之著,乃基本於性理,有益於治道者。
　歷代和漢諸史之編,乃明興亡,遺法則者。可致通覽
　事。
　書目略之。

一 根繫詩文義理而出質實,若杜、若韓、守正格、浮靡
　纖弱不流樣可致事。
　書目略之。

一 老莊釋氏異端之論,小說雜書無用之談,一切禁止之
　事。如天主耶穌之諸書,最拒絕之。

日 課

一 曉寅下牌聞柝,皆起盥漱。正衣冠,尊瞻視,儼然端
　坐,燒香達旦,昧爽而繙經,聲讀以至辰上牌。

一 辰上牌喫飯,各出管公事。但不與公務者,飯已畢斂
　形憑几,沈讀經書及諸子。涵泳默思,義理通徹,極
　其意思,以至午牌。

一 自午牌至未牌,許質問。質問之餘,喫飯之外,徐步

逍遙，遊息隨意。若欲他行者，先具事由請導，告當
直，得允乃出，歸必面。

一　未牌就業，或聽講。講止而對史，識古今治亂興亡之
跡。誦咏情性，讀文作彫蟲，從容自得，以至暮鐘。

一　暮飯已畢。或輪講、或執經、或玩子。優游反覆，以
至戌下牌。自亥上牌亥中牌休業。將就寢香一炷，蕭
然危坐。然有畫間所爲是非得失，痛抑雜慮，嚴絕
閑想，可復於湛然虛明之體。然後整手足，而悠然就
眠。夢寐之間，亦可以驗我工夫進步。

今建此學寮者，實本古人書院之意，育才德欲以供國家之
用也。豈爲求名鈞利，謀仕進之榮哉！宜諸生之業，以格
致誠正修爲本，以齊家治國平天下自任。而忠孝彝倫之
外，無復可爲。到於夫酒食遊宴等之事，豈待規矩禁防之
具，後有所持循哉！是以只設其功令日課如此云。

一　諸生一名，輪次當直監務。其夜不眠，可以報曉。

一　除公事之外，月許六日省家，其他勿輒歸。

一　若有犯前件規者，必許以當直償其罪。

上功令綱目，實古人爲己之學，而爲天地公共的道理，天
下正當底之學問。不關世隆替形勢變換，永世無窮，遵此
規則，固守之勿失墜矣！

　　　　　　　　　　明治庚午八月　平戶藩知事

　　此功令頒佈前一年，卽明治二年，端山爲塾生制定了〈日課
次第〉（《端山遺書》卷4），藩學之功令日課，實是依此而出
的。

日課次第

朱子曰：嚴立課程，緩著意思，是先生之家法，學者宜體此意勿忽。

卯牌起盥漱，正衣冠，尊瞻視，儼然端坐，燒香一炷，終則誦讀經書，音吐朗朗，以至辰牌。辰牌喫飯，已畢歛形隱几，繙經沈讀，涵泳默思，義理通徹，以至巳牌。巳牌披諸子，靜玩極其意思，以至午牌。

午牌飯畢，徐步逍遙。已而整思慮，靜坐一炷。或誦詩，而咏性情；或讀文而作彫蟲，極適其意，從容自得，有吾與點也之氣象，以至未牌。

未牌聽講，講止卽對史。識古今沿革，治亂興亡之跡，以至酉牌。

酉牌已食。則或輪講、或執經、或玩子。優游反覆，以至於人定。將就寢肅然危坐，默省畫間所爲是非得失，痛抑雜慮，嚴絕閒想，可復於湛然虛明之體。然後整手足，而悠然成眠。夢寐之間，亦可以驗我功夫進步。

　　讀端山〈日課次第〉，卽可理解端山學風特色了。這是採納了朱子學基本精神的。卽：講《詩經》，吟誦之際仍當以養性爲旨行明道之讀書窮理；於讀書上，以廣識與存養爲要，牛日讀書，牛日靜坐，且爲首尾貫之，當以靜坐本領一段之工夫完成之。這一課程與以靜坐體認，反身躬行，改過日新爲學之要的明末清初的李二曲「學程」（《二曲全集》卷13）相類似。

　　端山明治三年（1870）十月接東行之命，翌年正月二日踏上

東上之途。此行之使命雖不知出於何因，但以明治三年朝裁藩制佈告中有正權大參事之中，一人滯留江戶，眾議院開院須作議員這等文字看，與其時之情勢或有相關。時隔二十年重又踏上江戶土地的端山，念及在一齋塾時的往事，又眼見時世之驟變，自是感慨無限的吧！有詩爲證：

過昌平坂
宮殿陰陰鎖碧煙，絃歌聲息跡蕭然。
此生今日重輕過，遺響恍猶存耳邊。

是年七月，廢藩置縣之朝令頒佈，心月公亦遭免知事職，端山遂踏上了西歸之途。途中於湊川詣楠公墓，回顧往昔楠公爲回天之大業而鞠躬盡瘁的孤忠，無限感懷發而難禁，吟詩一首：

維皇吾遠祖，光烈千歲傳。揮淚拜碑下，慨慷仰蒼天。
悠悠天已定，經營極壯觀。墜緒孰克繼，惟可起九泉。

廢藩置縣詔書下，藩知事均遭罷免。但太政官達旨要求大參事以下，仍司原職行公務。不久，心月公上京，端山對在京都的心月公說處時世之道，並呈上了各種意見。且在維新之際，深深憂慮著廟議趨向的端山，亦將所知內情向心月公作了稟報。

世間最終開始往文明開化時代轉變了。明治四年（1871）岩倉具視一行奉命赴歐美，華族中亦有人主動欲往歐美考察的了。心月公爲時勢之急劇變化驚愕，在哀嘆經學之衰微、道義之頹

廢、國體精神之推移的同時，也在考慮須攝取洋學以適應新時代
的問題。爲此，日常生活上諸種變化皆起，固執舊習已是難之又
難，往往苦思不得解。遂於此等事體寄信端山，一一求教。

明治四年（1871）平戶藩改爲平戶縣，同年末，又行縣的廢
止合併，平戶由長崎縣管轄。由是，端山於翌年三月拜命長崎縣
九等出仕，於平戶出張所掌所管事務。因縣制的廢止合併舊平戶
縣民課稅過重，端山等遂極力建議縣命以求減輕課稅額（《自著
年譜》）。然因庶政突變，民心動搖亦甚，個中更有對新政心懷
不滿而退官歸農者。端山爲著將土地人民平安無事地移交朝廷，
於公務上一絲不苟，努力安定民心。在京都的心月公亦深慮民心
之動搖，在一心期待端山努力的同時，亦對舊藩之士庶人等懇請
及鼓舞他們克盡職守。端山亦爲不負公之所待，日夜辛勤工作，
並將管內形勢一一報知心月公。

明治六年（1873）一月，平戶出張所撤消，端山之職亦罷
免，時端山四十六歲。這也許是因爲端山的品德和才能過於偉
大，上官之中又沒有能起用端山這等人材的力量所致吧！其後端
山專以在家爲子弟講學爲己任，未再出仕。如〈端山墓碑〉所
言，心月公之政績，全憑端山之輔弼。維新前後，或廢藩置縣
後，平戶藩縣內得以平穩無事，大約是端山之施政得宜所致吧！

近藤畏齋評端山才能道：「於湛默中，有計謀斗數徐徐而湧
之沉才」（楠本博士口傳）。其弟碩水則稱讚乃兄爲「通儒全
才」，曰：

> 初學武技，但於算術甚通已達其奧義。仕計司局時，曾巡
> 視各村，自金錢穀類之出納，至民生利害，所知極詳。故

參與藩政，處置庶政，口發指示毫無滯處。先生可謂通儒
全才是也。（〈端山墓碑〉）

第十一章　尊信崎門學

　　端山於閑居靜退中，力深存養工夫，專心致志於讀書、窮理，確信朱子學乃正學，此轉變在三十歲前後時期。如前所述，這與訥菴轉爲信奉朱子學爲確乎不動之存在，幾在同一時期。其時端山注意到己之所學尙有陸王之影響，遂努力求矯正。且知迄今篤信修來的忠憲之學上，尙有「以靜爲主遺動，專以偏重尊德性之弊害」，遂感有必要著力於喜怒哀樂已發之際的省察及道問學，特用意於朱子所謂的讀書窮理。雖如是努力於讀書窮理，但未忘主靜體認，存養一路爲本領之事，似仍在以爲個中乃朱子學本領之存在。此非自東林學的轉化，可以說是將東林學回溯到朱子學又加以發展了的東西。

　　萬延元年（1860）五月，端山三十三歲時，在江戶一齋塾的碩水回了平戶。途中碩水見到了在大阪的崎門學者尼崎修齋，以後，就轉爲信奉山崎闇齋的朱子學了。歸西後，碩水就倡崎門學，以《過庭餘聞》看，碩水對端山講了闇齋的高足三宅尙齋之學，而端山卻不相信，但不久就信了。端山對崎門學的關心和信奉，可以認爲是從這一時期開始的，碩水、端山所信奉的崎門學，是尙齋系統的。端山寫有〈尙齋三宅先生像贊〉（《端山遺書》），此文卽是極好的證明。端山《學習錄》中也引用了闇齋

和尚齋的學說，但這不及其它崎門高足之學說。碩水尊信尚齋派的崎門學，痛斥佐藤直方的崎門學，端山也是相同立場吧！明治十六年六月，端山逝世不久，在東京成立了「道學協會」。該協會以弄清程朱道學，維持世之名教為主要目的，發行《道學協會雜誌》以及前輩的遺書。該協會成了屬於直方派的崎門學者下的存在。碩水相交之友，訥菴的高足朱子學家的並木栗水看出此派有流弊，遂對崎門學進行了批判。對此碩水以書簡作答道：

> 有如尊言，吾於崎門學之流弊，亦有相同之意見。所謂關東方面之崎門學，多為佐藤直方一派；至稻葉默齋，則有狂人一般之性質，其學問難免陷於異端。奧平玄甫、三上是菴的想法，自不外是全來自佛教。經書之解說，僅僅說其意味，毫無興趣處。吾亦未入道學協會，因門人中有入會者，故時時得一覽默齋的《孤松全稿》，然無以為此係有益之書。且文章拙陋，意味不通處又多。所論冗贅，令人生厭。三宅尚齋之一派決非此等模樣。經書之解說亦綿密詳細，自《朱子文集》、《語類》與本法之異同，逮後世儒者之得失，取者取，捨者捨。此可視為學者必讀之書。至於直方所著《鞭策錄》書一冊，此乃初學者務當置坐右而朝夕讀之。禪家有《禪關策進》，此書以為與之乃相同之書也。

端山、碩水的崎門學，有如上述，是尚齋系統的東西。那麼，對於崎門的神道，卽垂加神道，又是如何看待的呢？端山在《學習錄》中寫道：

關於山崎先生晚年所嗜之神道，吾等後輩淺識之人連其門牆亦不可窺。（中略）山崎先生所說神道之學，決非與孔子、朱子之道相悖，故先生於傳道統之旨上毫無傷害。

並稱，應當守闇齋的垂加神道，以立國體（致碩水的書簡）。明治以後，洋學流行，平田篤胤一派的神道勃興。由此，儒學衰退，形成了「孔子廟」也要遭廢毀的形勢。由於洋學的流行，人心浮薄，功利之風橫行於世，道義衰退國體之本義亦將失落。端山統觀所有這一切，欲以崎門之學統一國論以救世道於急變，但他同時又憂慮平田流皇學對儒學所持偏見這一可怕現實，遂在寫給碩水的書簡中痛嘆時下之態道：

皇學及彼等所持之偏見足可懼也。天地間之大道彼此本無區別！為萬世開太平的大德一旦如今日墮於地，則無可言他矣。此等偏見完完全全乃卑陋，因此無活眼，故其不畏天又侮聖人之大罪，乃天地間不可容是也。

碩水也在致栗水的書簡中排斥了平田流的神道。碩水道，他們陰取西洋說，適時世又頗占勢力，然因其說與垂加神道相左，故對其之排斥亦甚。這與栗水未曾一讀垂加的神道書即持懷疑態度是不同的。

端山自尊信崎門學之後，在努力於朱子窮理的同時，開始自覺到存養成其始終，係根本性之存在。並進一步確信，朱子學說格物窮理與居敬存養的併用，存養乃貫通兩者之存在，因此又是貫通知與行的根本。其結果如前述，訥菴之學因未明此層事理而

窮理偏勝，陷於誇大缺乏愨實深淵，對這點的認識也就更明確
了。

　　碩水歸西後即訪問了霜山。其時端山再次呈和文書簡（《未
刊草稿》）給霜山，以求教於霜山。霜山的學風，端山曾自秋陽
處聽說。依碩水講，霜山才氣高碩，容貌俊偉。碩水舊宅中「碩
水書屋」扁額，即是霜山所贈。碩水去拜訪時，據說霜山談及諸
儒經說上的異同得失，並論及中村惕齋之說上的誤謬。對如何看
待存養工夫之間，答曰：「觀吾鼻端之白稍有所得」。所謂「觀
鼻端之白」，係朱子在「調息箴」中所說。依此看，霜山不僅是
一位單單精通訓詁的學者，也似是一位達成了存養之功的學者。
祇是其修養程度究竟如何不得而知，但在這是傳承了崎門之學風
的一位學者這一點上是毫無疑問的。

　　在端山再次致霜山的書簡中，有關於讀書窮理之法的詳細說
明。在朱子讀書之法的精神上有如此深刻理解的，除端山外是不
多見的。端山的讀書，如朱子「以棒擊之付其痕，以手攫之掌中
付其痕」所言，是極其認眞的。即讀書本身即成存養，即成道體
之體認。

　　讀此書簡還可得知，端山追求的讀書窮理與存養體認之渾然
一體的境地，較之朱子更爲緊密。對當時的端山來說，以訓詁爲
事者，祇不過是所謂「玩物喪志」之輩而已。且自此一立場出
發，端山對東林逡持批判態度，又排斥了訥菴的朱子學也就是不
無理由的了。

　　文久元年(1861)端山三十四歲時，曾寫一答書致高力雙石。
在此書簡中，端山詳盡地敍述了自己關於窮理與居敬之間關係、
「小學」與「大學」之間的關係、格物致知的意義，以及崎門學

的宗旨等的見解。而端山所提出的本領之工夫入門下手需始終實
踐的靜坐法，具體說是怎麼樣的東西，大約也是自此封書簡首次
公開表明的吧！除去晚年的智藏說，從這封書簡中大體可窺知端
山學術思想的全部了。因此，擇其要旨如下：

人心乃虛靈洞徹之物，中備萬理，此乃天所與之。惟眾人
因氣質物欲所蔽，不知復其本來。然人本來即是如此，故
孔孟程朱爲使人人復歸此本來垂種種教誨，其教誨總總以
居敬窮理之四字盡。此二者當併用，一者或缺，則本分之
修行不可。至王陽明，因其偏於一方而受有識之士批判。
於居敬之存養，古人自入小學時起，自身體動作容儀上至
其根本極行純之練，及至後世，此小學之教廢。成大人，
則小學與大學之工夫須得一併行之，但無以自小學重新做
起矣。由是，須得用力於居敬存養。非如此則根本成粗
略，聰明亦匪開。此正所謂「止水、生明」也。
關於敬之工夫，朱子在《大學或問》中有詳細敍述，此亦
係不將此身心首先定於靜一則不成事的。本來敬貫動靜，
行住坐臥，收斂身心之工夫也，爲體得敬之味無有及靜坐
者。周子言主靜亦由此立。雖說靜坐，仍非禪宗所謂坐禪
入定之類的東西。關於其方法，蹟部良賢之說明最善。依
其言，靜坐，並非如坐禪之法定時結跏趺坐，見鼻端收心
臍下滅念慮，窮屈凝身心如死物一般，而是不定時，暇時
放鬆身心又不凝，雜念即生亦不強排，慢慢推開以靜心。
且知覺亦不除去，在知覺的同時心靜。思慮生，則自然解
決一般又復靜，事起，亦待處置之後靜。復得如此一味靜

坐以知其味。

靜中，自然感之則係未發，知覺則屬已發。靜坐後，接事物時，如按心之動處置，本然之靜將失成靜之場與動之場二個，此時亦需以靜爲本，來接事物。總之須用心起居語默靜，暫時之間亦不失靜坐之心。如是，全體則不會自主靜工夫離去。敬乃靜之工夫其因正在於此。靜坐之時，息雜念亦爲敬，醒欲睡之念亦爲敬。故敬之味由靜坐始可知也。蹟部良賢之靜坐法卽如此。總之靜坐須得如是這般。敬者乃一心之主宰心之貞也。如能好好理解此層，則身心收斂，動靜行止皆凝固於敬。此正是本領一段之工夫，居敬存養下手處。僅僅讀書窮理，道理不着身。存養與窮理，如不輪番行之，存養無成眞，窮理不成密。於是朱子對專走窮理之人以存養爲主教之，專向存養之人以窮理爲主教之。歸根結帶須得體認本領一段再行移至窮理。此與整田地方撒種同也。故雖說格物窮理之學，如世間儒者一般以博識宏聞爲事則不可，須得立卽洞徹萬物源之處。此點如得理解，古今聖賢之教誨可以揆至一而知，可默契《大學》之教誨或前賢所傳之道，治國平天下之事業亦自此自然湧出。說格物致知，非行所謂不尋常事，乃讀聖賢之書，接事物，與朋友講習，於天地間事物一一行研究，查其自然當然之理之事是也。此積而累之，自然脫然達貫通境地。卽窮盡此理心盡方成。到此，萬物一源、統體一太極則明也。本來喻譬心之理乃連於天之月，喻譬萬物之理乃映於萬川之月，卽此也。萬川之月所謂各具之太極，一天之月卽統體之太極也。一太極乃統領各具之太極者，

一心之理乃管括萬物之理者。故以一人之心可知天下萬物之理。然若不窮萬物之理，則無以盡吾之心體。卽使窮萬物之理，亦並非於心體之上有何增減。因爲一天之月也好萬川之月也好，總之是一個月亮，與超過不足均是相同之事。然如不見萬川之月，一天之月之全體妙用則不得盡。此處以言語無以形容，須得默契。

以上乃窮理之大意。總之正學，須得充分喫透此居敬與窮理之關係，否則將毫無作用。自靜坐處看出敬之味，更以朱子「敬齋箴」見全體。敬乃成聖學之始終者。而居敬與窮理之關係，並非今日居敬明日窮理之類之事。居敬乃本、爲先。用居敬之同時窮理。居敬之工夫進則窮理密，窮理進則居敬愈緊。須得好好理解此併用之理。

程朱之正學，於本邦以爲山崎闇齋師弟三、四人得其宗旨。誠欲於今日復興崎門以來之絕學。闇齋揭正學之宗旨道：「聖人爲使人默識此心之靈，誨曰保心於端莊靜一以此爲窮理之本，使人知其中有眾理之妙，具學問思辯之際極盡心之工夫，巨細互涵動靜輪番養之事。」全如此教，吾等須得朝夕勤勉之。

　　上面文章中，以天之月、川之月的譬喻顯示出的端山理一分殊之說，極其充分地體現了他的渾一之學是何等精微緊密。至此，一要多愈精，多要一愈妙，居敬與窮理妙結交養極端處，眞正之居敬如此卽成窮理，眞正之窮理如此卽成居敬矣。端山朱子學，至此可謂見大成了。總而言之，端山是以主靜未發之工夫爲本，以存養爲窮理之根本的。通過高忠憲的主靜體認與格物窮理，

上溯周濂溪及李延平的主靜體認，朱子的格物窮理，將此完成爲精微之存在，從中正是顯出了端山的特色。總之，在端山，說它是程朱之學經東林和崎門，形成了新的展開，也不爲過吧！

端山爲何會轉爲篤信崎門的呢？按端山的想法，闇齋之學以存養爲學之根本，它貫穿了被視爲學之二道的致知與力行。端山認爲，漢唐儒者中雖不乏求於致知或力行的，但沒有說這種存養之道的。闇齋之學正是得孔子之正傳、朱子之宗統的。世間宋學信奉者僅得其虛影之一二，連其門牆亦不得一窺。吾國之宋學家，自慶長時起雖有能之士輩出，然學皆陷入支離分析，又煩於訓詁記誦或博識宏聞，忘卻了闇齋所追求的真正的知行、真正的存養，也就未能達到其奧妙之處（《學習錄》）。

端山得崎門之宗傳，是在知道了東肥的崎門學者月田蒙齋之後。端山在蒙齋故去之後的第二年，慶應三年(1867)四十歲時，曾追記自己因蒙齋始轉信崎門的經過和蒙齋的學風，他在《學習錄》中寫道：

> 余昔在一齋佐藤先生之門，得從訥菴大橋先生，始舍舊習從事此學。一夜端坐燃香，恍然如有悟心體之妙。時訥菴先生之學，猶出入於姚江之域。余所悟者，亦不免爲鑑中之空影。已而西歸，閉戶講習，一遵奉程朱之教，痛矯明儒之病。訥菴先生，亦脫然一新，往復書信，指導宋儒之旨，余信服有年。既而稍聞吾邦有崎門之傳，雖然所學未得要領，時有支離分析所謂俗儒者之習。先是聞東肥有蒙齋月田先生也者，嘗通信扣之則知先生之學傳於崎門。吾崎先生，崛起於東方直接孔朱之統。時世之學朱子者，大

都不免支離訓詁之病。崎先生常呵之曰：「俗儒」。崎先生所學而教，知行並進，以存養貫之，則眞得孔朱之宗傳。其門如佐藤淺見三宅諸先生，特其傑然者也。蒙齋先生，學於謙齋千手先生。謙齋先生，學於家庭。謙齋先生之學，傳於默齋宇井先生。默齋先生，受訂齋久米先生。而訂齋先生，卽尚齋三宅先生之門人也。其授受之間，皆出於親炙。而諸先生卓然樹立，皆與有聞斯道，則謂之崎門宗傳可也。蒙齋先生，懇懇說存養爲知行之本。一則曰尊德性而道問學；二則曰尊德性而道問學。存養之地不立，道體之大則萬事渙散，無一湊合者。余聞訓誨，惕然內省，旋得知所操者，實先生之賜也。

端山雖與蒙齋未曾見面，兩人一生又無緣相會，但門人中有人曾從學蒙齋。據說碩水曾訪蒙齋，其弟松陽則遊其門而頗得蒙齋期待。從端山寫給友人小笠原敬齋書簡看，端山最初對蒙齋之學也是持有懷疑的。然自往來於蒙齋塾的已之門人處聽到了蒙齋之學的要領及蒙齋之人品氣象，且又讀蒙齋之書，始轉爲信奉蒙齋之學的。敬齋亦仰慕蒙齋，且互通書簡以質所學。他還曾書信端山，希望能相約同訪蒙齋以講論學問。當時蒙齋職務多忙不得寸暇，其塾生亦祇能在清晨聽一堂講義，故端山回信敬齋言其希望難以實現。

蒙齋是一位用力於以主靜體認而行道體之體認的儒家。蒙齋認爲，體立自然用則行，其中卽有程伊川所謂「體用一源、顯微無間」之旨的存在。故他以持敬存養爲學之要，以靜坐爲持敬之本（《蒙齋隨筆》卷1・2）。他說：

嘗坐堂簾，瞰庭前生茅。因悟昨日生一葉，今日生一葉，葉葉生而復生，是有無聲無臭之本體而生，是以不窮也。若爲無本體，則造化立熄矣，於是知無聲無臭，於穆不已之爲之根柢也。萬理皆由是推去，乃子貢所聞之一貫，可庶幾也。

從《日本道學淵源錄・續錄增補》（卷下）看，蒙齋二十四歲時遊學京都，從千手謙齋，不屈極貧勤勉力行，努力於體認之學。某夜忽然看出萬化乃基於自然之意，西歸後遂謝絕交遊，專求道體之本源；讀書則細品其味；觀物又細察，七、八年卓然悟天地萬物之本源，遂求證於六經之旨、天下之諸物，乃無謬處。由是，蒙齋乃苦思力行之人，其主靜存養之學亦可見苦心之痕。因此，始雖未得脫人爲性之部分，後再反省之，專事努力於求其自然。但知工夫確實則陷助長之病；緩慢則陷昏蔽之病，此往往難免，且此歸根結蒂是因爲工夫之未熟，未至收斂身心自然敬其心；終於以持敬爲主，以主靜爲入門的存養之學作爲己之根本了。蒙齋之學雖說是來自崎門宗傳，然其靜敬體認之功，卻是經過了千錘百鍊的。蒙齋在以朱子學爲宗的同時，不講這種以體認爲本的學說，不外乎是痛嘆那些口頭上倡導居敬窮理又無實功的朱子學家們的態度所致。碩水評及蒙齋的靜敬體認之學，以爲乃屬羅豫章、李延平之流。肥後曾出現過一位極努力於體認之學的朱子學家大塚退野。退野是自陽明學轉爲朱子學的儒學者，又仰慕朝鮮李退溪的朱子學尊信不已。碩水詳及於此，稱其於博大精緻上雖不及闇齋，然其自得卻在闇齋之上（《碩水先生遺書》〈隨得錄〉）。肥後前後出了退野、蒙齋這樣以深深體認爲旨的朱子

學者，誠可謂是奇緣所成。

　　蒙齋之師千手謙齋（旭山）見蒙齋之學，遂以爲崎門之宗傳在此。卽將己晚年著書《中庸講義》和《榑桑儒海》（《道學淵源錄》之原本，大塚觀欄原著，千手旭山校補）以及其父廉齋之著《自求錄》贈與蒙齋，以作授受相傳之標誌。蒙齋知端山之學，又以爲崎門之宗傳在此，除《中庸講義》外，將受之於其之物贈與端山。

　　端山自親近崎門學之後，始明朗了排斥陽明學的立場。就其一端，可自端山對繼承家學的秋陽的嗣子斐山之學說的評論中窺知。這是在端山寫給碩水的書簡中談及的，其要旨如下：

1. 斐山尚不知崎門，而崎門乃所謂爲己而行的實學，正是以孔孟程朱爲宗的。

2. 大體若以心性之存養爲宗，雖多少有差異，卻殊途同歸，且言並非當求學之同一至細微部，若存養契於眞旨，學之次第當有先後，此先聖後聖亦相同。非如此則不達至理，以聖學亦遠去矣。無需論細微部，乃僅爲文物制度之末端也。

3. 當世學者，僅以著述論辯爲先，徒嘵嘵而論先儒之是非得失，爲此而生同黨伐異之風，不知自己之心性，此時亦屬論先儒是非得失爲不得已而爲之之事，也是窮理之一端。祇是吹毛求疵好辯競奇則是應予非難的。

4. 應以心性之存養爲學之要，此說宜。

5. 崎門之學乃存養，而崎門之學由主敬培根，由窮理達枝，所謂「尊德性，道問學」，敬與義，明與誠交替

輪番進行，故於論其學上僅舉存養，則不免失於偏。

　　在這封書簡末尾處，端山還談到了自己讀到以陽明學爲宗的池田草菴致秋陽之弟東澤瀉的書簡之後的感想。從文章看，草菴胸懷脫洒乃眞正之君子人物，其論走於外面乏縝密完成工夫，且於讀書論上頭緒過多似不得要領。如成此無效之工夫，恐一生勞擾身心於己亦成無寸益的。草菴是一位於陽明學亦特信奉歸寂派，又寄心於劉念臺之學的儒學家，頗有隱君子之風。然一讀其文集《靑谿書院集》，可知有及宋明諸儒之說處，略欠透徹，如端山所言，似有頭緒多而不得要領之處。

　　隨著端山朱子學接觸到了崎門愈呈深潛縝密，與端山相交最親的秋陽、訥菴就逐漸疏遠了，這或許是不得已的。因爲，秋陽守端山所排之陽明學；訥菴則以朱子學爲宗，偏窮理而忘存養，遂與端山的朱子學其趣相左了。尤其是訥菴，因偏於窮理，欠深淵慤實，或爲此因，其性行亦終失純正，端山也終於不得不與其斷絕了交往。此時訥菴加入了勤王倒幕、王政復古運動，與同志共謀，行種種策劃。故其行動往往墮入世俗，爲當時有識之士所疑自也更多了。這樣的運動，始於安政二年(1855)大地震之後，其時訥菴已遷居江戶郊外。在安政三年（1856）致秋陽的書簡（〈大橋訥菴先生傳引〉）中說道：「此心中之事此生似難測矣」。在此之前的嘉永六年（1853）五月末草菴致訥菴的書簡中談及，訥菴將《闢邪小言》公諸於世，並用以此所得之收入購入了武器。訥菴當時又購入武器又開墾土地，也似是爲著討幕之目的作準備的。對門人講道學之同時亦講兵學，此舉或許也是預想到了攘夷討幕的吧。由此，訥菴之行動有不規之處。端山曾將此

事轉告秋陽，且端山與草菴一樣請求秋陽能忠告訥菴。以端山、草菴、秋陽等人看來，訥菴之行動與有志於道學之人是完全不合宜的，不外乎是所謂「沉溺於權勢功利世界」的俗儒而已。祇是端山多年與訥菴親密相交，不以與之輕易絕交爲宜，爲報舊恩，披瀝誠意以諫訥菴，以圖再溫舊好。因此在致敬齋的書簡中，端山還是寫道：「吾等知學問實係訥菴所賜，故不思與其輕易絕交。如以誠意之萬分之一得以救其自權勢功利世界以報舊日之恩，則不勝喜悅矣」（《端山遺書》卷2）。

文久二年（1862）正月，訥菴奉輪王寺宮欲興舉告討幕之運動，但事情敗露身陷囹圄；同年七月，四十四歲的訥菴辭世而逝。有關此前後事，在當時訥菴塾生平戶的針浦退藏文久二年七月寫給楠本松陽的書簡中報告得極爲詳盡。關於訥菴死因，有種種傳言，一說是因幕吏摻毒致死的。

端山接到訥菴遭到逮捕的消息，立刻寫信將此飛來之禍有關情況知照秋陽；並寫信給敬齋（《端山遺書》卷1），在慨嘆時世不容訥菴這樣清議之士的同時，在表訥菴走權勢功利終招此災的遺憾心情，揭敬齋「有一點凶氣，嘉言善行亦將歸於畫餅，須得戒心」之一語，言此非他人之事。秋陽在致端山的書簡中，亦在慨嘆訥菴飛來橫禍的同時述懷道，訥菴生前所行遺憾甚多，於現今實是當結厚誼之人云云。

第十二章　憂明治新政

　　心月公知端山職務罷免，卽刻寫信言痛惜之情，對在巨大變革時期端山所付出的辛苦深表謝意。靜退之後的端山，在仰慕陶淵明超世脫凡之隱居生活的同時，仍是抱著切切之憂世之情。因此，端山的靜居，正是應稱其爲「儒隱」的。新政府乃處創業之時，方針上或錯一步，將會有何種事態發生，這是難以預測的。新政府建立之後，端山憂世之情難保沉默，遂向參議南洲西鄉隆盛上二書，就朝廷國是進言己見（《端山遺書》卷7）。第一書係端山在京期間寫成；第二書是同年九月，卽西歸後寫成。讀第一書可看出端山對南洲之期待有何等之大。書中端山以南洲譬得時與勢乘風雲的龍虎，切望當非常之時成非常之事做非常之人，南洲有如諸葛孔明或楠公一般，以公明之態度成就事業。據傳，端山晚年曾對人講，他一夜做夢見自與南洲比手腕勁（楠本博士口傳）。此時南洲雖已不是世上之人，但端山卻是本身與南洲相比也毫不顯弱的有著偉大經綸抱負的人物。若有能使端山登上廟堂的話，那他經世之業一定會令人刮目相看的吧！

　　在上呈南洲的第一書中，端山以治政之大本揭「十事」論之。其論如下：

1. 正君主之心。

2. 選輔弼之臣。

3. 自官民起用賢能。

4. 盛學政。

5. 整世之綱紀。

6. 普及恩澤於海內。

7. 正世之風俗。

8. 慎重與外國之交際。

9. 充實國土之兵備。

10. 豐財政。

接下來，端山又論孔明、楠公之功烈；最後寫道：「其統合要領乃在心之精妙處哉」。與孟子同，以心術爲治政之根本，這是端山深信不疑的。如是，端山看來，經世大業也是發自方寸之心的，故對端山而言，毋寧說修得心術之人方乃眞正之英雄。這與宋儒的英雄論是一樣的。門人籠手田安定任滋賀縣縣令時，端山寫詩（《端山遺書》卷 1）贈彼，詩亦充分體現了上述精神。詩曰：

　　琵琶湖上擁旌旃

　　百里生靈承雨膏

　　一任浮雲幾千態

　　脚根素定是英豪

這與程明道〈秋日偶成〉詩中所述之精神或有相通之處。程

詩曰：

> 道通天地有形外
> 思入風雲變態中
> 富貴不淫貧賤樂
> 男兒到此是豪雄

披瀝丹誠的端山上書終無回報，端山西歸後遂再度上書。書中稱前此上書不見回復實為遺憾，乞教示一言以慰平素敬仰之心。其後，南洲因征韓論與當局意見不合，終致下野。對南洲的征韓論端山持批判態度，非難位處南洲這樣大臣職籍的人，倡此等論調起風波於世的做法。在當時，對以治世安民為第一急務的端山來說，這也是自然而然的吧！但在端山門人中，也有像志佐要一郎那樣主張征韓論的。此種論調因南洲下野雖一時間勢成薦火，然而明治八年因朝鮮的江華島事件再度燃起。而要一郎則是急先鋒。他乘船欲征服韓國，事體敗露身陷囹圄，病倒在獄中。

明治十年（1877）二月，西南之役爆發，但不久就被平定了。據傳，端山聽說南洲形勢不妙，曾命人悄悄打探情況。而端山門人中，又有人馳騁南洲麾下戰死在沙場的（致楠本海山的書簡，岡直養）。

端山反對南洲的征韓論，與其說是反對征韓論本身，毋寧是反對南洲身為大臣，以此起風波於世這一點。關於日本的海外經略，端山自己是不是反對，此事不明，那是因為，楠門不可思議地有著欲雄發於海外和身體力行之人。此與端山的經略抱負有關，或係偶然，則不得而知。

　　明治五年，天皇行幸鹿兒島，其時島津久光公伺候於行在
所，遂建言十四事關於治政，獲嘉納。朝廷爲起用久光公，於翌
年（1873）三月下派勅使促公上京。公遂於四月上京，拜命麝香
間祇侯，且奉命參朝以當國事諮問。是年六月公奉呈上對先前上
奏之治政綱領逐條加上註釋，有詳細敍述的上書。

　　當時端山雖身在風雲之外，但以公之上京爲天下之快事，爲
翼贊此盛擧美事之一二，於九月九日上書於公，開陳己之政見
（《端山遺書》卷7）。上書論述了國體、紀綱、租稅諸條，尤
其強調了義與利之別，論述其給予治政的影響。又批判時政，指
摘歐化之弊害，痛加排斥。關於時政，端山不遺餘力地指出，那
些逐利淺薄之徒，以及乘歐化風潮的小人之輩，結徒黨誤天皇親
政之本義，恐會失墜國防於一旦。端山將奉呈久光公的上書內容
亦曾示江戶的心月公，心月公回復如下：

　　　此番久光得以登庸，國是之大基礎、吾神州固有之正氣確
　　立。富國之根本，無外乎自上而下正名分正風俗，以希望
　　禮義廉恥之風興起。先生先前呈久光之封事乃至極確論，
　　吾感伏至也。實吾亦切望自此一點達致振興。

　　心月公亦體會了端山的意圖，爲擁立久光運動奔走。

　　明治六年九月，岩倉大使等一行結束歐洲視察旅行回國，其
後國政愈發踏上歐化之一途，且庶政改新又過於急進，終生諸
弊，奇禍之爆發亦令人憂慮。心月公深憂於此，十一月一日呈書
太政大臣，進言拔擢久光公於要職。這是征韓論之議破，西鄉等
人辭職幾天後的事。十二月八日心月公又將同樣內容的上書奉呈

岩倉公（《詮伯傳》）。端山與之相呼應，亦奉呈上書給岩倉公，建白針對諸弊奇禍發生的預防之術的「三可」；消去這些問題的「六不可」（《端山遺書》卷 7）。其要旨如下：

1. 必須崇朝廷之規定（可一），不可輕率改憲法或改變命令等等（不可一、不可二）。
2. 必須慎重百官之任命（可二），不可輕率陷黨之誘惑並依賴輕薄之才之人（不可三、不可四）。
3. 必須寬大租稅之規則（可三），不可輕率傷商人之事業，效外國之法度。

　　總之，這一建白書，切論應當崇尊國體，述歐化主義之弊害。此上書是通過心月公由志佐要一郎送達岩倉邸的，但在前一天岩倉公已受到了賊徒的騷擾。關於此事，心月公有書簡致端山，書簡寫道：對岩倉公之騷擾，是應當憎惡的。端山致岩倉公的建白書草稿已讀，對此至極高論十分感伏，此上書一俟公容體康復，或可一閱。致島津公之封事亦已內見，個個高論感伏之至，極為有益，如久光公掌握大權，將成順當之世，故惟祈願此，且此亦與皇國之安危相關。

　　接下來，明治七年（1874）一月，端山也上書三條太政大臣，痛論時政，希求妥善處理（《端山遺書》卷 7）。端山在此上書中論有不測之禍機之理由，痛責當路之不明，且言及島津公之建白，切論應當起用久光公。當時佐賀、山陰終顯反亂爆發之萌，天下人心之向背也不允預斷了。此上書之草稿亦預先內示心月公，自心月公處亦收悉其高論適當的回信。從此書簡看，在此

之前端山自西海考慮僅以上書建白難以奏效，遂欲親自上京直接實行擁立久光公運動，披瀝此意圖求所見於心月公，對此回信，稱時乃萬事閉塞之世，出京亦無意義。將來月日過順運之道開，端山誠意如通，即行通知，今則需自重云云。

　明治七年（1874）二月十五日，佐賀之亂終於爆發，所幸於三月一日即被平定。因發生了此等事，端山遂於是年四月二十五日再度上書久光公。敍國事已際不容一日遷延之危急時期之旨，以力促公下決心（《端山遺書》卷7）。此上書奉呈公處時，公已任大臣，但僅有名目而無實權，祇是遭受尸位素餐之辱，公亦不以守此空位為潔，終致稱病未出仕。於是，心月公與中山忠能公一起呈書三條、岩倉二公，再次要求起用久光公。但此意未被接受。關於起用久光公後的情形，係由心月公報知端山的。

　知道了久光公獲起用的端山，五月三十日上書華頂親王，說國體之本義，述應排斥洋學之理由，且要求充分信任在這一方面理論有很好體認的久光公（同前書）。當時，端山的門人志佐要一郎為擁立久光公奔走，背後又有端山在拉線，這在心月公致端山的書簡中寫得很清楚。擁立久光公運動奏效，公亦一時成為大臣，但其職不過空有其名，公之經綸仍歸空無。於是端山在探知阻止久光公的巨魁，乃是參議大久保利通，遂於明治八年（1875）終下決心上書。書先論天地陰陽禍福之理，又引古今事例述《易》所謂知幾之必須；又揭上中下三策指示參議當取之道，並規勸道，上策乃功成身退；中策乃輔佐先前之主人久光公；下策乃固上寵盜權於天下人心積怨，當以風諭自劾辭職（同前書）。

　嘆時世的端山，著〈秦論〉、〈趙論〉、〈雷電論〉以諷刺之。〈秦論〉講述了秦始皇帝變千古聖賢之大經大法，欺天滅亡

之理由；〈趙論〉述趙捨中華之教或溺戎狄之教終受天誅之理由；
〈雷電論〉則示《易》之「雷電噬嗑」之理，說必須明罰嚴法，
除去隔開上下君臣之姦邪之事。此三論究竟意味何事筆者不敢饒
舌，但有一點可指出，〈雷電論〉是諷刺應予排除掉的大久保一
派姦佞的。

關於當時端山及其門人的活躍情況，在岡直養氏所寫《傳
記》中有詳盡敍述，可作一參考。

明治八年十月久光公上書彈劾三條太政大臣，論其才不堪任
其職應予革除，然未被接受，終被辭免。端山得知消息遂欲上書
元老院責太政大臣之失體，要求復久光公之職，未果，將草稿亦
燒卻（《自著年譜》）。

時有熊本神風道之亂，萩又有前原一誠之亂，秋月亦有亂發
生，海內可謂正臨瓦解之危機中。於是，端山在十一月十一日欲
再次上書三條太政大臣，稱因未思及己前此上書中言及之危禍而
招致今日之事態，責大臣無策無爲，爲收拾事態，捨再度起用久
光公，拔擢義烈有爲之英材以當事態別無他途，懇請再度舉用久
光公。然上書草擬之中各地之亂已暫時平定，書亦未上呈。久光
公職被辭免時，端山曾贈一詩慰公之心情（《端山遺書》卷1）。

因久光公失墜，端山抱負亦歸落空。自此之後，端山未再向
當局建白。並將原先建白書輯一篇，著成《匪躬膌議》。這一時
期端山作〈詠史〉三詩，漏對時世慷慨忠憤之情。且抄錄於下：

詠　史

乾坤蒙昧不勝憂，烈士視歸如水流。

白日結纓甘珍戮，青天抱節樂幽囚。

心欽往哲功難繼，身獻先王志未酬。
上帝分明如此事，古來反爾爾知不。

千古男兒鐵石腸，轟轟烈日挾嚴霜。
東林名教扶邦典，後漢讜言增國光。
奇節拂雲喬柏綠，孤根占地瘦梅香。
從容就義須天定，一任時人笑我狂。

乾綱解紐奮姦臣，徧戮忠貞誤國鈞。
風雨蕭蕭天象暗，鋒芒凜凜劍光新。
丹衷刺背空垂涕，直諫剖心長致身。
時事可知君莫怨，忠魂香渺格帝宸。

明治十年（1877）正月元日，端山戲作一詩曰：

三代遺風歌太平，腰間佩玉玉璐鳴。
莫耶如水深藏篋，孤衷聊存敵愾情。

從詩中看， 端山將破邪顯正之寶劍深藏篋中並未拿出來 。 正如
是，可見他對時世之憤怒之情有何等激烈又有何等無能為力啊！

第十三章　晚年的智藏說

　　端山自嘉永五年（1852）由靜坐而悟仁以來，記己之學而得知的著成《學習錄》上下二卷。初稿時爲《時習錄》，後用朱筆將其訂正爲《學習錄》。此係何時完成，不得而知。《學習錄》至晚年仍有加筆，但至三十四歲左右止的時期則占了大部分；四十四歲左右至五十四歲止則爲空白。《學習錄》共有五百三十五條；但五十五歲以後的祇不過九條。但從中卻可窺視到晚年端山圓熟了的思想。

　　端山晚年尤其說智藏說。所謂智藏，卽智潛藏之事，或謂潛藏的深智之事。端山會傾心於此說，按《學習錄》稱，那是由於文久三年（1863）三十六歲晚秋一天晚上的事。其時端山讀尙齋的〈智藏說〉道：

　　　　尙齋先生言：「心乃火，知乃火中黑暗處，陽中陰也。
　　　　衆理藏於此黑中」，一夜讀此語遂有反省處。（《學習
　　　　錄》）

　　端山說以知「屬多屬貞」，這是來自朱子智藏說的。智藏說最先是朱子說起的，係來自《易》的東西。將朱子的智藏說公諸

於世的，是山崎闇齋，這是元明諸儒及其它學派未曾論及過的。闇齋在《近思錄・序》中說，仁愛有味之事，智藏無痕迹之事，是朱子仔細說教過的。 闇齋講， 與朱子的智藏之旨相默契的，僅爲門人蔡西山（季通）、蔡九峰（仲默）父子以及眞西山（希元）； 其後則無知其者。又說，識此智藏始可論道體論鬼神。而未發之愛乃仁，無痕跡伏藏其中乃智，且仁智相交處，乃萬化之機軸，惟此乃天人合一之道（以上請參閱《山崎闇齋全集》〈土津靈神碑、同行狀〉）。

以朱子看來，仁義禮三德以惻隱、羞惡、恭敬出現。故其中有眼之可見的作用存在。但是，智僅有區別是非的事，有知覺；但無眼中能看的作用，全伏藏在其中（《朱子語類》卷9）。將仁義禮智四德從理的生意來看，因仁乃生之生，禮乃生之長，義乃生之收，智乃生之藏（《朱子文集》卷67），故智乃元氣之根幹（《朱子語類》卷19），以四季言，則陰靜之極；以一日言，則當夜半之子刻。因此，萬物收藏，萬象隱影連痕跡都不留卽爲智藏（《朱子語類》卷32）。故言「智乃伏藏淵深之道理」（《朱子語類》卷33）。智的含藏愈大，智愈深（《朱子語類》卷55）。若知智乃生意之含藏之事，則可知智與禮義二德相異，與仁相同包含他三德，乃貫通之德之事矣。故朱子言，智本來就藏有仁義禮。（中略）此三德全在智裏面（同前書）。仁義禮智用《易》講，與天德的元亨利貞相對應。但朱子以爲這中間有循環， 曰「若無貞，元則無起處。無智又怎能得仁」（同前書）。因此，智與「藏」之意一起， 有「始終」之意（《朱子文集》卷58，〈陳器之問玉山講義〉）。 說智藏的朱子，以《易》〈復卦象傳〉之「先王於多至閉關」這一微陽靜養工夫爲宜，也就不是沒

有理由的了。祇是如朱子在〈玉山講義〉中所言，以仁包仁義禮智爲最高之德，不敢以智爲心體之究極，可以說智藏說大概是有着以心體爲究極的傾向的吧!

取朱子的智藏說又將之公諸於世的，是闇齋，這主旨也傳至門人。繼承這體系的，是三宅尚齋。這從他著有《智藏說》可知。在書中尚齋說，智藏乃道體，仁智同體，同秉四德，而「知乃理之所生，理之成乃知」，說知理一體。

端山很好地繼承了朱子以及闇齋、尚齋的智藏主旨，努力於體認。端山認爲，說道之究極的《中庸》說智，注意到說致知工夫的朱子說，此說朱子首倡，闇齋契合，此乃千古之卓見，萬世之秘旨，以元明諸儒知之者亦少（《學習錄》）。由此可以看出，晚年的端山，是多麼寄意於智藏說的了。依端山看，智以四季言當多之收藏；以天德言當《易》之貞。因此，其體靜寂藏過去，其用發動有知未來之妙用。故成萬物生成之終，成始。端山認爲，眼所無以看見、寂感相交之微密秘奧中有神妙之秘機乃知之體，將此擬於多至，子之半自是當然的事。卽以四季言，藏於多至之至寂的妙機，正是欲動之事乃知藏之體（同前書）。

端山又說知理之一體，以知爲理之妙用的同時，共爲理之藏體（同前書）。若知此理與知則非別物，外之理則成吾知之妙藏，因此卽使說窮理亦非逐外物之工夫，而「豁然通貫」這一朱子的悟入，也很明顯不是神秘的東西。所以，以知智藏於一事一物上的窮理最終不外乎是窮一理，窮理本身是盡心盡性又更明確。而程子在物乃理，處理物乃義的義理內外說，也由知智藏本來無內外，乃一源一體之物也更明確了。

與智藏之旨深深契合的端山，愈發痛感到使心常在肉體內的

主靜存養工夫，所謂本領一段工夫之必要，也是自然而然的了。
《學習錄》的末尾寫道：

> 本領已明，推而應世務，大半迎及了解。其餘每遇一件一
> 事稍問去，則亦不費力。

惟本領一段之工夫，乃所謂「渠成水自通」手段也。總之，
知智藏說，端山遂以靜坐之心的靜在為旨，由此立體，說成如何
偉大之作用，其意圖所在也就不難理解了。

端山認為，《易》的「太極」「藏往知來」、《中庸》的
「天命之性」「未發之中」、周子的「無極之真」「主靜之極」、
邵子的「無極」、程子的「沖漠無朕」、李延平的「未發之氣
象」論，皆為述智藏之存在，將以往的智藏擴大來解釋了。這
樣，為什麼端山會對智藏寄予如此深的關心的呢？那大概是他做
到了延平等人從靜坐體認之旨造化之奧秘得以探知，深深把握住
了「立體達用」的秘機所致吧！

如前所述，端山知道智藏說是在三十六歲，但依《學習錄》
看，直至五十五歲春天，端山才開始懂得智藏的意味所在的。對
端山來說，在那以前的論述，大概還未能脫離出見解的範圍吧！
最簡單明瞭地說明了端山智藏說主旨的，要算下面一段話：

> 智藏之無迹，冬收之至寂，以無聲無臭之全體，活潑潑地
> ……（《學習錄》）

關於這一段話，楠本正繼博士解釋道：

人之智藏愈深則連痕迹都無有留。正如冬至萬物收藏，萬籟歸寂一般。此正所謂稱其乃無聲無臭之人心面目，宇宙之絕對性、生天地物之心是也。個中以靜之本身包含有無限之動，內界之立場直接爲工夫所支撐始知其真義。卽生生活之共同性，復歸生天地物之心。所謂經靜坐得深智之涵養不外乎此事也。

　　上面所列，實乃端山晚年之境地，事實上是貫穿他一生受用的。

第十四章　安天命

　　平戶端山住家，在綠丘，如「日出東山嶺，月落西洲濱。地控玄洋浪，南接吳越雲」詩句所寫（見《端山遺書》卷1），乃一可眺望四面八方的風光明媚之處在。又如詩吟：「漁火如星列，海面正煌煌。風死波浪平，直接勃海洋。明月上蓬萊，萬島發青光」，闇夜漁火煌煌輝映，明月若昇東方山上，無數的島嶼卽發出清光，好一個充滿詩情的地方！如前所述，端山退居鄉里之後難抑憂世之情，將自言之赤心迸出之建白書捧呈當局，但與此同時，他又過着陶淵明所謂的「抱膝獨養眞」的生活。端山宅邸建在一座寺院的舊址處，很久以前這裏曾居住過一位號松雲居士的原公卿的隱士。據說，這原先的公卿性格放曠沖澹，遁世而居，常騎牛暢遊。故作爲遁世之地，這裏是再適合不過的了。端山在這裏享受着靜退養眞的生活：或俯潛鱗於千尋之淵；或高歌彈琴於孤月之下；招隱賢士賦「招隱」之詩；又高吟仕周恥於食其穀物隱首陽山，食紫其終致餓死的伯夷、叔齊所作「採薇之歌」；或解古書之線繩味得聖賢之道；不一而足。有詩爲證：

綠岡岡上卜茅菴

手展書編菊滿籃

桂影昇窗香馥郁

曉來清味與誰參

話雖如此，但在此期間，端山始終未忘爲子弟講聖學以期他日的事。心月公亦衷心切望端山悉心教導子弟，這從明治十年公致端山的書簡中可窺其一二：

近頃諸般如何，　甚念。　竊以爲仍志在講義。　觀今日之形勢，　講正學者尤如拂地。　萬萬切望盡最大努力行誘導教育。

心月公且懇請端山教導公之子厚、靖兄弟，並於明治十二年（1879）五月，命二人下向平戶從學端山。公自身亦於明治十三年（1880）及十五年（1882）兩次下向平戶，親自視察公之子勤學情形。厚公明治十五年十月歸京；靖公翌十六年（1883）三月歸京。

心月公又念及平戶舊藩士子弟的教育，逐於明治十三年爲子弟們創立猶興書院。書院的設立工作主要由端山來擔當，九月就開講了。書院名取自孟子說過的話：

待文王然後興者凡民也，　如斯之豪傑之士雖無文王猶興乎!　（《孟子》〈盡心〉上）

該書院明治二十年（1887）學制改革時改稱私立尋常中學猶興館；明治三十三年（1900）移歸縣管轄，稱縣立中學猶興館。

第二次世界大戰結束後，成爲猶興館高等學校至今。

　　端山明治十四年(1881)搬出平戶的宅邸回到了針尾的舊居。翌明治十五年，與其弟碩水一同在針尾建立了鳳鳴書院，以行子弟之教育。新政府於明治二年（1869）設置大學，其時碩水奉召成爲京都的大學漢學講官，繼又委任爲大學少博士。但因第二年的明治三年大學廢止，遂以爲「吾事終矣」而歸鄉里，於針尾教授子弟。自十餘年後，因端山回歸針尾，遂與近藤卿信、濱本必強謀，共建了此書院。碩水寫有〈鳳鳴書院記〉（《碩水先生遺書》）讀此可知書院設立的動機及其目的。

　　書院建在端山舊宅的北方。這裏東倚邱山；西南臨溪十分開闊，對建書院來說是再合適不過的了。書院是靠同志釀資以及舊藩主的資助才得以建立的（〈鳳鳴書院記〉）。時值文明之世，國有大學，地有小學，教育亦終致普及，爲何還寄志於如此這般的書院學呢？對此碩水曾簡述道：

　　　古時政教一致，士大夫幼年時始學問，壯年則行之於世，老年退職歸鄉教其地子弟行孝悌忠信、禮義廉恥之道。故教化良行則風俗善。後世進學道失，人人馳心於虛文而無實行，惟汲汲於科擧及第貪圖名利而無反省，爲此人才損道德盛。遂有白鹿洞書院起。宋明以來書院學得以行，實因有此等不得已而爲之之事情也。書院之教育，無妨學業之規則，無害精神之考試，人人可悠悠深極道掌而握之。故若欲抱書籍，退居閑靜之地修先王之道，養德且志在行之於世者，皆樂於在書院學矣。自此一點考慮，欲好好修得道德及學問者，不僅必依於此，於國家得賢才上此亦優

於他也。故書院不劣於古之學校是也。（〈鳳鳴書院記〉）

書院之名，據碩水講是取自庭前的梧桐，不是取自「鳳，鳴於朝陽（山之東）」這一《詩經》中的話。《詩經》中有「梧桐之生，於彼朝陽」，按注，梧桐不生於山之岡。若為太平之世，則生於山之東。且，若非此梧桐，鳳凰則不棲。所謂「鳳，鳴於朝陽」，乃鳳凰在生於山之東的梧桐上鳴這層意味，寓成太平之世賢才出之事。因此，書院名不是取自《詩經》中這一句話的。

總而言之，此書院之建設，是依照宋明時代的書院學精神的。宋明學並非興自官學，眾所周知是興自書院學。無論是朱子還是陽明，事實上都是在書院培養出了如許的大儒的。在文明開化的明治初年，端山、碩水決心復興這種書院學的精神，實在應該說是高超至極的。然而事與志違，那以後日本的教學完全向着相反的方向走去了。

鳳鳴書院創立，端山卻於是年五月中風了。開始時病症不重，為此自猶興書院辭職；八月為療養計伴小妻往千綿山中，在那兒接受了電氣療法。在逗留山中期間，端山作〈千綿山中養病〉（《端山遺書》卷1）之吟十首。詩中所表露的端山心境，令人想及陶淵明。淵明之隱逸，是端山夙般欽慕的。對慨嘆時世之不可的當時的端山來說，如淵明一般退居一傍以「養眞」，是最適應不過的了。故回顧過去二十年的官遊，對端山來講，或是感到空過日月的吧！因之端山吟道：

四十八潭水，潭潭皆秀奇。細波迎月變，曲徑倚筇移。
五柳元相適，三槐亦自宜。蛙鳴成短句，勿復問官私。

回首二十年，官遊誤節宣。來尋閒日月，歸臥故山川。
探勝扶藜杖，訪醫入紫煙。要之無秘訣，養氣保純全。

　　讀〈養病〉詩，可知當時的端山，是一任身於天運之推移，
馳心於悠久之地的。對已自得了宇宙之大意的端山來說，世上紛
紛之黨議以及權謀之術策，無何足恐，一切都是有天理之明鑑
的。有詩爲證：

黨議搖河岳，揣摩作縱橫。乾坤有正理，日月無私明。
野潤從花發，山幽任鳥鳴。鑑空分美惡，輕重見衡平。

　　療養奏效健康稍有恢復的端山，又返針尾，重又在鳳鳴書院
講義。但翌年明治十六年（1883）三月十八日，病又復發，身成
不歸之客。享年五十六歲。端山病中曾手書「俟天休命」四個大
字。所謂「俟天之休命」，是指遵循上天大大的吩咐之意。其弟
梅窓寫道：

端山先生病中一日執筆大書此四字，警吾等曰，此乃余病
中之所悟，死生得失專須以此對處之是也。

　　依端山曾對碩水講過的話看，此四字是指「夭壽不貳，修身
以俟之」。故毋需庸言，這是據於孟子立命之語的。端山付記此
書稱，「病中書以自誓處事應物皆然」。
　　端山令孫楠本正繼博士曾寫道：

端山所謂的天，乃是歸於仁的愛。慈祥溫和。生生。故以
端山看來，所謂體，不外乎是實體。曰：「體即用，用即
體」。「靜復」之工夫立，正在於此。「俟天之休命」此
《書經》之語，無疑是表露了端山自靖究竟之境地的。也
許惟有這是貫穿了他一生，達政治、學問、詩文，支撐他
生活之根底的吧!

端山之墓，與其弟梅窗、碩水、松陽之墓同建於針尾舊宅附
近。端山墓土頂的塚上植有榊樹，正面立有墓碑。周圍玉垣環
繞，前面建有中國風格的石門與一對石燈籠。墓碑建於何年何月
不明，但從端山生前曾送書簡至大橋訥菴，就儒教式墓乞教，且
自訥菴處又得引實例之詳細回信這件事上看，此墓該是依端山遺
言由遺族及門人等建造的。梅窗、碩水、松陽以及夫人的墓大概
也是仿此而建的吧! 初看這些墓與佛教式的墓無甚區別，但夫人
們的墓上刻有「近藤叙蘭之墓」這種中國式的標出舊姓的文字，
無疑這是儒教風格的。昭和三十九年（1964）十月，這些墓被指
定為長崎縣史蹟（本田三郎編，《長崎縣史蹟·楠本端山》）。

端山著有下列書稿：

1. 學習錄　　　　　一册
2. 匪躬膽議　　　　一册
3. 芻蕘巷議　　　　一册
4. 松島行記　　　　一册
5. 詩稿　　　　　　一册
6. 文稿　　　　　　三册
7. 端山先生遺書　　二册（刊）

8. 其它　　　　　　　　未刊草稿

　《端山遺書》中收錄了《學習錄》以下的所有文稿。筆者曾刊行了《楠本端山》、《碩水全集》收遺書於此。

年　表

文政十一年(1828)，一歲

　　正月十五日，生於針尾島（佐世保市）。代代以農爲業，
　　祖父宣惠時仕平戶藩成馬廻。父養齋爲末子。端山爲養齋
　　之長子。

天保元年(1830)，三歲

　　正月二日弟梅窻（字有孚）出生。患感冒，屢屢瀕死。

天保三年(1832)，五歲

　　正月二十六日，弟碩水（字吉甫）出生。

天保六年(1835)，六歲

　　七月十日，弟松陽（字子屈）出生。祖父病故。

天保十一年(1840)，十三歲

　　與諸弟隨鄉師修學。三月二十二日弟藤重出生。

天保十三年(1842)，十五歲

　　往平戶，師事佐佐鵲巢，始學賦詩作文之法。

天保十四年(1843)，十六歲

　　父赴任大阪。弟碩水成爲山田家養子。故自平戶返回。

弘化三年(1846)，十九歲

　　父任期滿自大阪返回的五月，始作爲計司官執官務。

嘉永元年(1848)，二十一歲

　　得漫遊許可，於二月出發。在肥後訪橺原、澤村諸儒。三

月，往豐後謁見廣瀨淡窗；逗留十日後，遊筑前訪吉田平陽。歸路於佐賀謁草場佩川。回家，著《鞋轍日曆》（現不存）。弟藤重以九歲幼齡夭折。

嘉永三年(1850)，二十三歲

父致仕。以特旨赴江戶，奉命受業於佐藤一齋門下。娶妻近藤氏。

嘉永四年(1851)，二十四歲

二月，入一齋塾。初謁時，呈途中所作詩一卷，乞批正。得認有詩才。二日，自其高足吉村秋陽聽講性命之學之講義。

嘉永五年(1852)，二十五歲

聽大橋訥菴之講義深爲感動。 一夜靜坐， 悟程明道所謂「滿腔子惻隱之心」，爾來於心中發誓痛絕舊所習，以記己心中所得著成《學習錄》。在江戶與同門川田履道、新宮士敬互爲切磋。七月，遊松島，還後著《杞島行記》。

嘉永六年(1853)，二十六歲

九月二十二日，拜命藩學教員兼經筵侍講。時海防之議論沸騰，遂著《芻蕘巷議》（現不存）。又受命著《杞憂臆言》，重述治政之要，並詳述外夷之情不可測之事。

安政元年(1854)，二十七歲

因關於藩學教科內容與 前輩意見不合， 曾一時 稱病不出仕，又恰逢父病故，遂上書請解官致祿以服喪三年，然未獲允許。

安政二年(1855)，二十八歲

爲助教兼侍講。按乾齋公之命，就三年之喪儀開陳己見。

且奉命行心喪。六月七日，以病辭助教。先考養齋的小
祥，遵朱子「家禮」。

安政三年(1856)，二十九歲

居家養病。養齋的大祥，仍循「家禮」。

安政四年(1857)，三十歲

作家廟和家塾。

安政五年(1858)，三十一歲

因病退居家中教授子弟。七月十八日長子之璘出生。

安政六年(1859)，三十二歲

十二月，被任命爲守銀方役頭，固辭未受。

萬延元年(1860)，三十三歲

六月十九日之璘夭折。

文久二年(1862)，三十五歲

正月往平戶，十三日奉特旨被命講經書，不得已行朱子
〈白鹿洞書院揭示〉之講義。六月作《周易》講義。七月
三日，被任命爲近侍，爲得雨齋修選。八月上〈立志〉、
〈主敬〉二疏。

文久三年(1863)，三十六歲

向心月公上陳先君肥州公勤王事蹟。八月十日上疏〈讀書
窮理疏〉，口述其大意。因公日日開經筵，遂爲公行《大
學》講義，又行《孟子》講義。奉命實施學制改革。

元治元年(1864)，三十七歲

六月，有使節自筑前來藩，依命上陳勤王攘夷之大略。八
月依命欲赴京都，然因長門事變發，途中折回。又依命直
言上陳時勢緊要之十事。

慶應二年(1866)，三十九歲

　　六月上疏封事陳時務之大要， 說國家 之急務 在於教化養
育。七月二十九日，以助教侍講不變之職拜命中老嫡子格
準小納戶頭。

慶應三年(1867)，四十歲

　　三月八日次子正瑤出生。四月有消息傳幕府欲開港與外夷
行貿易，薩藩意欲促心月公上洛以停止之，心月公命端山
陳述時宜。遂條陳其不可之理由，以使公拒絕之。五月十
六日正瑤夭折。九月向公直言當今之急務，以後剖子詳述
其內容。因明治天皇踐祚召列藩，公亦得入朝，遂陪從赴
京。

明治元年(1868)，四十一歲

　　正月三日乘船抵達浪華。是日有日鳥羽伏見之戰，幕軍敗
退。六日發大阪入京都。三月，因天皇行幸大阪，心月公
遂扈從。四月天皇還御京都。端山從心月公五月十九日歸
平戶。回平戶後，就學校改革上陳心月公。九月十四日昇
任者頭班奉行，被任命爲教授。學則用崎門之法，釋菜依
朱子的滄洲之儀，且配享朱子。

明治二年(1869)，四十二歲

　　正月十一日以教授之職昇任大者頭奉行。九月十三日拜命
參政。十一月二十七日被任命爲平戶藩權少參事；十二月
十八日昇任權大參事。

明治三年(1870)，四十三歲

　　依命行藩制之改正。十二月奉命往江戶。

明治四年(1871)，四十四歲

正月二日東上。七月十五日因有廢藩置縣命令，心月公被免知事職。遂於八月十日西歸。寄書西鄉參議，陳十事，然未獲答。冬，諸縣廢合，平戶爲長崎縣所管轄。

明治五年(1872)，四十五歲

三月十五日被任命爲長崎縣九等出仕。爲舊平戶縣民計，與同僚江口高廉一起建言減稅，拯救了舊士族的窮乏。

明治六年(1873)，四十六歲

一月十六日被免九等出仕。三月二日小妻莊司氏生子正翼。九月，上書島津久光公，切論義利之辯，並述時政之弊。十二月上陳三事致岩倉右大臣。

明治七年(1874)，四十七歲

居家教授子弟。一月，上書三條太政大臣，要請舉用島津公。四月，因舉用公之勅使西下，遂贈公以書，就公於廟堂中之姿勢態度上陳。

明治八年(1875)，四十八歲

一月，上書大久保參議，就治政說上、中、下三策。曰：上策乃功成身退；中策乃輔佐島津公；下策乃慣恩寵私權集下之怨。十月島津公因彈劾三條太政大臣遭辭免，遂陳上元老院，責太政大臣之失體，請復島津公職，未果，燒卻草稿。

明治十三年(1880)，五十三歲

創立猶興書院。

明治十四年(1881)，五十四歲

移居針尾舊里。時時在猶興書院教授。

明治十五年(1882)，五十五歲

創立鳳鳴書院。五月，因病自猶興書院辭職。八月，在千
綿療養。因病稍癒，復在鳳鳴書院教授。

明治十六年(1883)，五十六歲

三月十八日卒。享年五十六。碑文乃叔弟孚嘉（碩水）
撰。

附錄一　月田蒙齋資料

蒙齋隨筆（抄）

序

竊聞，學之道博文約禮而已矣，讀書講貫博文之事也。居敬存養約禮之要也。二者譬之，日月更明，陰陽相濟，不可相無也。而學者徒知讀書講貫研義而於居敬存養之術缺然不知用力，則何由能入道積德乎哉。強得與聞此義顧志力學亦有年。有所得則劄記之一，欲以自驗日就月將，體認之所在耳。蓋博文之教，其端易循，而約禮之道，其門難入。不急其難，則恐莫由而入德矣。此強之所重居敬者然也。

文久二年夏四月

卷 1

- 苟能存養，則不衣而暖，不食而飽，當如在春風中坐也。
- 主一無適，齊整嚴肅，其心收斂不容一物，敬之工夫。此數者皆不可闕，然難得心廣體胖氣象。出門如見大賓，使民如承大祭，此可以得其氣象矣。
- 人患信道不厚者，則須久於敬。久於敬，則信道自敦篤。
- 下學以求上達，始是君子之學。若下學而不知求上達，則是為非知道者。何謂求上達？曰：「尊德性而已矣」。

- 敬是心之命脈。
- 孟子曰：「今之與楊墨辨者，如追放豚。已入其苙，又隨而招之」。此言亦可以覺敬工夫。今人已收斂其心入身來，而復把捉而束縛之，故勞而不見功也。夫心之爲物，出入無時，莫識其鄉。而苟入諸軀殼中，則止而已。何須安排布置，而後求之哉。故曰：「勿正心，勿助長」。
- 心不根於德性，則有自欺之弊矣。
- 失敬則百邪交攻。
- 學聖人工夫，全在未發。
- 仁者固欲與天一。然天地鬼神，尊而不親，故姑欲與人一也。與天下之人一，則天地鬼神亦不得而違之也。故君子欲與人一也。
- 中人以下之弊，大抵在自私，而不在兼愛。是以始學者，先以天地萬物爲一體。所謂天地之塞吾其體，天地之帥吾其性，以大其規模，而可以語實理之學矣。天之於日月星辰，地之於山嶽河海，是天下之至文至章，不假修爲。
- 吾此軀殼，本是天地間公物，而自有本分一定之命。然人多不察視，以爲己之私物。是以營求百出，往而不反，終其身無悟。
- 貧賤，天職之最易稱者。
- 雖曰寂然不動，而常與天流通不隔。是以見孺子入井，則必怵惕矣。卽此活潑處。
- 天地萬物之所以然者，是統體太極。其所當然者，是各具太極。觀天地間之物，見其有不得不然之勢矣。
- 方其至靜之時，心之知覺自知覺，是之謂未發。

- 所以然之定體也，故不可易。已有不可易之定體，何已之有。故曰：「維天之命，於穆不已」。

- 定，故無窮。

- 未發之中，是善之本體也。如於未聞見之時，心既有所偏倚，則及其接物也，安能皆中節而盡善哉！道云，道云，豈其知道之眞哉！其渾然之全體，豁然乎心目，而後始知萬物一原之妙，果非聞見思慮言語文字之所及矣。

- 一者體也，貫之云者，以此道通天下事物之理無所不通貫也，故曰用亦體。己亥多看。

- 予之見道，從箇定字紬繹而推廣之。雖孟子以至大至剛說正氣，亦常本此理而推之曰定故能久。久故至乎至大而無外。既定而後發，豈其可得而屈撓挫抑哉；此皆莫非此理。庚子元旦試筆。

- 君子之見道，先通大原，則於天下之善破竹之形已成。

- 君子與其德不足而食有餘，寧德有餘而食不足。

- 無聲無臭四字，形容一靜字出。

- 體信是體天道。體天道之道，豈有他哉？敬以直內而已矣！敬立而內直，內直是主靜而人極立矣！

- 天地萬物之祖，故尊嚴。

- 無始無終，無內無外，實渾然一理，是道之全體，而無有不實也。

- 忠是體天下之實理，以盡己之固有之理。恕是達天下之順道，以推己之理。

- 敬是芟除天德之殘賊之斧鉞也。是故能敬則信斯體，而順斯達矣。

- 整其容貌，尊其瞻視，齊其思慮，則自然生敬。若夫把捉束縛其心，反安排措置之，則無益而反害之。

- 但從事於斯八九年以上，心中自覺有味，則是有所自得而悅豫也。雖未可謂之中，而豈其安排束縛者之所能比哉！

- 有帆足萬里者，嘗著書。其學無所主，以博爲務。神佛諸流，皆在其所取。夫佛之與吾道，猶冰炭之不可相容，薰蕕之不可同器，則固不待予言矣。然今其言曰：儒以教君子，佛以教小人，以爲至便於治國。噫甚矣哉！曲學阿世，以簧惑斯民哉也！是不過欲使神佛之徒皆歸其門耳。夫吾儒者之爲道也，必以天地爲本，人倫爲歸。正大明白，如戴白日以行。豈容索隱行恠，以求譽於世哉！君子之言，豈好爲迂遠不近事情哉！以道之於天下當若斯也。今彼爲苟且詭遇之論，以合世情。其言雖非無小出入，而不知本於天道民彝之公，以闢邪說。吾見其智辨之徒勞，而其所以自通焉者，適所以自窮焉者矣。

- 晚學求道，須短刀直入法。所謂寸鐵殺物，何必夸博麇爲哉！

- 太陽將升未升之間，光耀躍然未發，包含萬象之氣象，可以形容道體之眞矣。

- 孟子曰：「守約而施博者善道也」。夫守約而施博者，莫過乎敬之一字。故曰：「篤恭而天下平」。

- 居敬不熟，則猶不知敬。夫敬亦在熟之而已矣。

- 體道於靜，見道於動。

- 道也者，不可須臾離。或以爲不可得而離之意，或以爲勿離之義。紛紜辨說，愈辨而愈晦。此坐不知性道，天理之爲

體，鳶飛魚躍之爲道，而強加考索故耳。苟能得知之，則道不可得離之理，如觀火豈復事隔靴搔癢之辨說哉！

- 居敬之術其難哉！余始以安排措置爲得。從事於斯六七年，勞而不見效，於是又專以厚重矜持爲得。又復六七年，頗如收功。然急之則雖如得速效心亦勞，不免爲助長。緩之則依舊昏然矣。然以爲是心不熟之所致也，非其術之罪也。用力愈久，而不已，而後始悟收斂身心，自然生敬之道肅然之意，如淸晨入神祠中以覺天機之在斯矣。

- 不能體天下之實理，則何以立天地之間哉！

- 以一塵眯目以一指蔽目，則不復見天地之大，日月之明。是以壯夫之爲學，當以實理爲經，以事物爲緯，以體諸己也已。豈徒剽竊陳編蠹簡，不復知有至道之要，甘舐人之糟粕咳唾，以辱父母之遺體乎哉！

- 心之知覺，自知覺之謂未發。然其知覺中，自不失肅然之意始是。若失肅然之意，則是爲放，豈其養中之謂哉。乙巳暮春。

- 體用一原，顯微無間。語道之實精到明白，所謂洩天機者。若體用不一原，顯微若有間，則於彼所謂渾然實體之妙，豈不有所不合哉！吾每於此際，玩味之餘，中心喜悅，而不能自己。

- 爲政禁姑息。營私蠹民之吏，不容姑息容忍。縱之一日，則貽一年之害，一月則貽十年之害。一人樂而千萬人憂，一家肥而千萬家瘠。闔境之民，亦爲之不服。可不戒哉！

- 知之未以足合道。行之而後始能合道體之實矣。實有兩義；曰充實之實，曰實體之實。實體之實，所謂誠也者。充實之

實，所謂渾然也者。

- 渾然一貫。故理外無氣，氣外無理。體外無用，用外無體。

卷2

- 道非器，則無見其實。器非道，則無以爲主。主靜功夫，全在恭默。舍之無由而入道也。然至功夫純熟，不期然而然，則所謂獲魚而忘筌。豈須說恭默哉。

- 主敬是不失尊奉矜持之意。苟失之，雖曰未逐邪，而走而已。是屬不仁。

- 靜也者體之所以立，動也者用之所以行。苟不知主靜，則動皆無本。所以事皆妄也。

- 靜坐者，所以身習主靜以求心之主靜之道也。身體已靜，而心猶不能靜。況身不能靜，而求心之靜，則猶器不靜而求水之靜。故伊川見人靜坐，歎其善學。明道在扶溝亦教諸子靜坐，爲此也。（朱子亦曰：明道教人靜坐。李先生亦教人靜坐。靜坐無間雜思慮，則養得來便條暢。）

- 予以靜坐爲持敬之要。人多不與曰，似坐禪入定，絕聖棄智之說。嗚呼！是所謂雖有至道，不學不知。其好徒以言論譸張爲學者之說也。今持不逮之資，欲入道進德，而以迷繆煩擾之身與心，欲直學聖賢純彝大中之道，猶無耜而耕田，無船而濟海，何以能達焉！故學者苟用力於持敬八九年以上，而後知恬靜之爲本而不可後，不可以言論之末求之矣。

- 於喜怒哀樂未發之前，求所謂中者，求所謂靜者甚不可也。方其至靜未發之時，意中自謂此是觀，此是中，則是正而助長也。可不明辨哉。

- 學者貴知道之本體而信之。夫道體無爲知之，若不濟事然。

而大之父子君臣之倫，小之日用言動之理，漠適而非道之所存，本體之所包。故非明知其本體而信之，則何以能篤行其道，至死不變哉。

• 子思曰：「小德川流，大德敦化」。不知大德之敦化，則安能得小德之川流。故曰學者貴知道之本體矣。乙巳之冬十二月望前二夜識。是冬寒氣數十年來之所無，此夜深更，寒月朦朧，林松無風，寒氣少弛。

• 予常持存養未發之中主靜之說。世之君子多難之以爲，學者當於日用事物之間，持敬畏之心，不敢肆，以求事之合於道，斯可矣。若專爲至靜未發之爲要之言，恐淫於禪矣。曰於日用事物之間，不敢肆，求事皆道，則克己復禮之事，非禮勿視聽言動之意，固爲凡學者所不可不勉。然朱子以爲非至明不能察其機，非至健不能致其決。今初學無至明乾乾之資，驟然欲由此以達道，亦不量其力也。是以君子之爲學，存養中於喜怒哀樂未發之前，立體於端莊靜一之中，以事物之來，不得已而順應之準，則明切隨分而有得焉。豈空論掠美之所比乎。故朱子曰：「克己復禮乾道也，主敬行恕坤道也。學者從事於敬恕之間，而有得焉，亦將無己之可克也」。由是觀之，學雖有乾坤之道健順之德之殊，可由以達道則一也。唯恐力之不足耳，豈可復以彼左此也哉。敬之難立，予十數年之功夫，槪入助長而不自知也，可不戒哉。詩曰：「予其懲而愼后患」。乙巳之冬看，丙午春王正月記。

• 太陽出海底而升，大虛光彩照耀於萬象。斯是道體發見之極美者。觀之則鳶飛魚躍之語，猶爲未足味矣。丙午之春二月念一日記。

- 程子曰：「觀鷄雛可以悟仁」。新生嬰兒，身體嫩小，髮膚光潤，生生之氣，溢於面背，暢於四肢，觀仁之意，最爲親切。

- 吾脩己教人有要曰：「收放心而已矣」。收放心有要曰：「敬而已矣」。何謂敬？畏而已矣。苟存此敬畏之心，日新月盛而不已。其術能熟，則放心自收，而德性自著，仁不可勝用，聖賢不我欺矣。

- 天下之學，敬爲本，明次之，誠又次之，而其道則相因而爲一也。

- 孟子曰：「仁，人也」。合而言之道也。故人不知道，則不可以爲人。不知體仁，則不可以爲人。不知敬，則不可以爲人。

- 學貴知先務。苟不知先務，則以急爲不急，以不急爲急，以本爲後，以末爲先，安其得知。雖曰盡知天下之理，盡能天下之事，猶不足觀。況於不能盡知盡能乎。丙午之春三月十八日記。去年來蒙生麕集，豚兒不離膝，靜養之功不足，而操存之意不免有間斷，以爲咎在持敬之本未立。於是痛加鞭策，每旦早起，乘清晨清明之氣，以收斂身心，以庶幾大本之一定耳。

- 一失大本上功夫，則吾所言所行，雖無悖乎聖賢之道，皆吾糟粕粃糠而已。吾何以能立於天地之間而無愧哉。

- 以余生長於貧賤，於財多病。每有冗費，則隨而悔之。於是自咎曰：「旣已費財而又復費德，是再費也」。此之謂以其所不愛，及其所愛。財可爲，德不可爲。可不戒哉。

- 學問之道豈難知哉。全心之德而已矣。何以全之？曰：「敬

而已矣」。若他道，吾不願學之矣。

- 敬是眾妙之門歟。

- 得於外，不如得於身。得於身，不如得於心。何謂得於外？富貴、利達、令聞、廣譽是已。何謂得於身？博聞、強記、功文、雄辯是已。何謂得於心？敬立、誠存是已。所謂誠者，忠恕之謂也。

- 執事能存敬畏之心，不敢失，是卽和，卽小德之川流也。能存養于喜怒哀樂未發之前，是卽中，卽大德之敦化也。

- 或以專取四子六經之切於行實者講之，以為實學。不知所謂實學卽實理之學也。夫以實理為學則能知性、能知天。能知天、能知性，則能知人、能知物。學至於知人，而後始可與語實學。

- 微乎微乎，存乎無言。神乎神乎，著乎無聲。非敬其何以能之。

- 身體整肅，心矜莊之曰敬。

- 「太極圖」便是存養之要，是大易之奧秘矣。若曰顯發天道造化之理，則非大易之意，又非夫子一貫，曾子忠恕之旨也。陽月七日於枕上會。

- 立道之體於已，以聖賢之言弘其趣。

- 學者苟有欲名利之念，則是穿窬之心也。

- 盡己之忠，推己之恕，恭己之敬，皆是存心之目。

- 本心不存則天爵棄矣。可不懼哉。嘉永戊申九月十八日，有感記，以為鞭策。

- 天理本體，老莊目之曰「無」，以其無物也。浮屠目之曰「空」，以其空虛也。皆足見其陋矣。於吾聖門，則指之曰

「誠」，以其實也。而後道體渾然合內外，一顯微之意，躍如其可見也。故程子爲之解，曰「眞實」。朱子益之以無妄，曰「眞實無妄」。其義大備而無復餘蘊也。然明識其眞實無妄之本體，活動之妙，以體之，則在我而已矣。

• 天理活動流行之妙，孔子於川上之歎，子思於鳶飛魚躍之語，開發切實天機流露。夫人得見夫道體之實，然至於其體之於心而得其眞味，則或鮮矣。然則體之何術？曰居敬持養，所謂端荷整一之中，肅靜之間，心中有一脈自知覺處而存焉，是天理之本體，活潑之眞，默契於吾活心之妙。予存養此意，幾三十年矣。少覺有所熟焉。此意誠願與識者共之，難爲俗人道之。

安政戊午春正月十一日

附錄二　楠本端山資料

（一）困學寮入門備忘

	鴨川嘉十郎	
	澁江久之助	
安政元年入塾	近藤久米吉	名久徵，字誠夫，號誠堂，後改恒藏。
安政二年入塾	中倉　小市	
安政三年入塾（安政五年退塾）	田崎　熊次	
安政三年五月入塾（安政五年十二月退塾）	古川　靜養	名淳，號朴菴。
安政四年二月入塾	麻生　仙壽	名惇，字君所。
安政四年五月入塾	山田謙一郎	名謙之，字叔讓，號闇齋。
安政四年八月入塾（安政七年閏三月退塾）	楠本　玄磧	
安政四年八月入塾	太田郁太郎	名郁。
安政四年八月入塾	山本甚次郎	
安政五年正月入塾	筒井辰十郎	
安政五年三月入塾	中倉　善重	名明善，字叔敬。
安政五年三月入塾（安政六年十二月退塾）	松野鶴太郎	
安政五年五月入塾	山田　椿岱	名一善，號希韻。
安政六年正月入塾	澁江　民彌	
安政六年三月入塾	浦上　嘉八	
安政六年四月入塾	金森久太郎	名篤，字伯原，號素菴。

安政六年四月入塾（萬延二年六月退塾）　稻城官次郎

萬延元年十一月入塾　岡田　大輔

文久元年八月入塾（文久元年十二月退塾）　久保作左衞門 後改名酒藏。

文久元年十月入塾　石川　文哉 名寬里，字子堅。

文久元年十一月入塾　浦上　佐七 後改名澄治。

文久二年五月入塾　村上定太郎

文久二年三月入塾　丸田　輔作

文久二年三月入塾　町田　直彦 名有隣，字德鄉，號希齋。

文久二年四月入塾　牧山五左衞門 後改名廉平。

文久二年三月入塾　須磨與十郎 後改名達太郎。

文久二年十一月入塾　岩村四方門 後改名良三郎。

文久二年十二月入塾　朝川壽太郎

文久二年十二月入塾　片山精八郎

文久三年正月入塾　眞見塚文太郎

文久三年春入塾　桑山衞士之助

文久三年春入塾　岡左　太郎 後改名耿作。

文久三年夏入塾　白川　末吉

文久三年夏入塾　寺田善吉郎

文久三年夏入塾　兵庫燦太郎

文久三年夏入塾　吉村榮八郎

文久三年秋入塾　佐佐三五衞門

文久三年秋入塾　鍼浦　退藏

文久三年秋入塾　桑田廣太郎 後改名原之丞。

文久三年多入塾　鞍掛馬十郎

文久三年多入塾　片山五十三郎

文久四年春入塾	浦上勘左衛門
文久四年春入塾	西鄉久九郎
文久四年春入塾	城半右衛門
文久四年春入塾	辻川　省吾
文久四年春入塾	小楠治部七
元治元年八月入塾	山川　小介
文治二年春入塾	奧田安太郎
慶應元年七月入塾	奧田藤五郎
慶應元年十一月入塾	依藤馬太郎
慶應二年七月入塾	谷本忠太郎
慶應二年八月入塾	見明　玄達
慶應三年八月入塾	山口虎太郎
慶應三年十二月入塾	浦上克之助

（二）登門錄（楠本碩水門人錄）

山口忠造	山口稱平	田崎廉藏
須磨達太郎	川尻緝藏	田口美德
米倉伊平	志方倉太	山田善重
吉山喜多藏	森善（片山）三郎	岩崎旗之助
米倉（崎村）久五郎	桃野復四郎	森澤傳六（雅夫）
森田　勉	村尾周八	本山長三郎
針尾島瀨戶平	佐伯弘平（成允）	杉本茂三郎
日高修吉	浦　上力	下條右橘
森澤（粂之助）	大草謹次郎	前田良（晉）粗
伊崎縫三郎	幸政孫之助	大島丈六

志佐俊治	岡田吉郎助	吉田省吾
高田英雄	稲津峰太郎	村田定之助
安原昌太郎	井上一之允	山田久平
迎右藤治	針尾島容純	奥田安太郎
松崎研治	浦上小三郎	吉田寛一
青島銀治	高瀬熊之進	森　周造
永田　彰	青山原九郎	西山乙三郎
貞方文作	近藤虎五郎	山田純一郎
古川三郎	正木孫八	岩崎伊三郎 (義胤)
山田精二郎 (久野維一)	中村克二郎	安見尙之
成 (森) 田修治	西郷新吉郎	白石忠五郎
小須賀朝之進	城　小三郎	大曲文五郎
山川梅太郎	東　次郎	山縣勇三郎
堀江忠三郎	池(浦)田友作 (守典)	鳥飼忠一
櫻井佐久見	齋藤伊三郎	力武與八郎
大島知壽	濱本千之 (宗濟)	松崎與一郎
立石益重	鬼塚　貢	中倉京四郎
力武吉三郎 (正雄)	依藤鹿之助	奥田茂一郎
山田安重	多賀禎七郎	市瀬禎三
柏原禎輔	平田精一	稲澤磯之助
山口延太郎	近　龍介	川尻邦太郎 (正勝)
長崎熊太郎	松本修務	森 (前川) 覺太郎
豊村精一	廣瀬俊一	依藤馬太郎
近藤増重	小手田半治	久間迅水
有浦傳十郎	下條尙太郎	園田増衛

藤本貞一	崎村正三郎	平野庄助
中尾貞太郎 (義勝)	島田德次郎	柏原平八郎
引地主一	大村平次郎	濱本百之 (必明)
邊原熊一	井元定太郎	吉福忠一郎 (誠)
貞方立哲	筒井政太郎	松崎思熊
淵上武三太	武藤乾五	內野省三郎
吉富誠一	浦上　幹	有安勇三郎
森　周作	溝上　壽 (佐佐木正記)	古賀鋌吉 (敏夫)
鈴木多嘉吉 (透)	重松延光	遠山典國
土肥　箏	山口要四郎 (笹山警三)	永野益太郎
麻生金作	北村猪作	野田龍一
靑木幾太郎	蒔田祥七	神戸鷹三郎 (達)
澁江鐵次郎	貫名智溫	井上俊八郎
志方三之助 (正義)	崎山右平	下條平九郎
崎山茂十郎	須磨伊助	宇治平十
隱岐嘉雄	西川孫一	西郷國太郎
久家二郎	鶴田　貞	深見周三郎
山口　與	深江猶四郎	坂本虎太郎
田中虎之助	宇都宮忠太	有田堅誠
梶川庫太郎	村田又吉郎	松浦粂三郎
山路直江	川岡東一	鳥飼龔藏
高見恒藏	本川啟次郎	眞邊幾太郎
川尻政太郎	佐佐木時綱	右田菊雄
富田小次郎	松永嘉重	眞木龜四郎
林萬太郎 (忠敬)	山口慶四郎	岡　次郎

山本 (大田) 開介　　財津重太郎　　眞木安太郎

原信太郎　　　　福原儀三太　　阿部重太郎

松永十郎　　　　今村角次郎　　湯村虎雄

渡邊乙作 (正修)　岩永林作　　　矢島甚五平

都野川勇衞　　　石川有介　　　横田民哉 (佐八郎)

本田信秀　　　　朝長鷹次郎　　森勘 (朝山) 一郎

坂本八郎　　　　鰐淵(山本)常太郎(明)　笠原信太郎

渡邊義直　　　　麻生喜三郎　　丸田玄齋

澤城榮壽　　　　淵上龜治　　　久田磯之助

緒方 諫　　　　八木一太郎 (祐之)　手光代吉

桑原信五郎　　　末武千太郎　　北原三平

筱田赫穗　　　　永野直次郎　　赤峰喜衞

五反田又藏　　　宮本哲次郎　　宮本溫二郎

北島卯一郎　　　中川勝一　　　關 定

坂田虎二郎　　　加登信太郎　　奧島茂助

湯川勝重 (重遠)　迎 高九郎　　　大川有三郎

袋 民三　　　　菅原嘉藏　　　塚崎淺太郎

原 (武宮) 以持　坂 常助　　　　岡 幸次郎

武宮 (清原) 喜代見　楯惺一郎　　楠本正翼

神浦又右衞門　　長 嶺茂　　　　長嶺壽太郎 (緝輔)

吉田熊一郎　　　西田龍太　　　長谷 (村江) 川多平

米尾庄十郎　　　淺田映芳　　　原 周八郎

川下謙吉　　　　今村泰吉 (吉原深廣)　峰 祥吉

森 伊三郎 (勳)　中山敬三郎　　水地顯證

岩永米 (英) 作　吉井卯重　　　高島 (岡田) 康治

坂本龍藏	坂本熊雄 (熊吉)	村島岩吉郎
大島良三	久和原馬吉	桂　羊三
武宮曉了	大田林三郎	井手伊太郎 (勝彌)
石橋正四郎	貞包禮太郎	柱松達翁
西川重三郎	久田哲十郎 (哲男)	井手彦一郎
麻生唯三	長嶺磯太郎	高本　學
川島原二郎	羽田國助	羽田義八
赤星大泉	傅　伯道	井手岩太
岩村雅太郎 (雅耳)	原田與五郎 (徹一)	田中健二郎
廣瀬鹿之助	松川文吉	野儀宗之助
道津貫三郎	山中英太郎	山本禎三郎
田崎利作	藤本直信	久保鱗作
綾香辰重	野中太平	川久保房太郎
市川　昌	一瀬虎作	浦上喜十郎
進　久四郎	大野寅二郎	笹野才太郎
澤木寬一	平江藤藏	高橋清太郎
立江順吉	武宮力精	副島七郎
大野槌太郎	中島恒吉	佐藤房太郎
幡山田生	磯村重次郎 (靜治)	松岡彌十郎
川向勘十郎	原田喜十	溝口千太郎
大野左四郎	吉田策郎	原寅三郎
原口駒太郎	吉村多三郎	濱田作一
喜喜津(和三郎)	杉本彥雄	能仁捜玄
迎　篤	藤川一郎太	米村左一
松田德三	椎葉熊吉	須內秀吉

中山　徹	鴨川藤三郎	阿部虎太郎（松永憲次郎）
木村繁太郎	村田九郎	藤島五作
大塚照三郎	西田（孚嘉吉）誠	廣瀨定太郎
邊原伊賀八	三串太造	平山常彦
大石雅次郎	益田祐之	朝長　齋
貞方彌三郎	山下榮之丞	高瀨直記（本莊宗緯）
草野寅之介	前川喜伊治	友石定太郎
三串武次郎	巽　宇八	多田　通
松山文三郎（敬夫）	合志忍平	佐藤　治
菅沼周次郎	佐佐瑗次郎	河添一江
中尾忠太郎	松山廉介	伊奈熊之助
本山戌六郎	齋藤與左衛門	內野淸太郎
芥川淸三郎	林　傳太郎	岩井敬太郎
濱野圭介	川口惠吉郎	熊澤純之助
神戶乙逸	沖　貞介	豐增役太郎
赤木宗郎	郡　壽多	今浦孫介
深見牧太郎	永安治（恕）作	坂本實造
山崎孝太郎	山崎　束	村尾要三
佐田伊八郎	山本貞藏	長富初美
武內謙介	佐志雅雄	近藤如瓶
近藤好德	田中德次	楠本廉介
川島源太郎	川尾米太郎	溝口千太郎
佐藤　茂		

備考：

「登門錄」雖係依楠本家所藏，但在塾姓名右側的（　）內

記上了改姓或改名後的姓或名。但稿本無（　）以朱筆標出。另，稿本中姓名上有許多記有歸屬之藩名或鄉里，此調查書作成時已死亡者在其姓名下以朱筆標有（死），在此一概略去。原本乃在端山嗣子海山（正翼）手成上補筆而成，或係楠門會結成前後完成的。在這裡列出了碩水的門人錄，是考慮到了端山在世時，雖說是碩水的門人，同時有許多人也師事端山之故。

端山在平戶藩校、維新館、困學寮、櫻溪書院、猶興書院、鳳鳴書院等處教授子弟，其人數據說達一千數百名。看登門錄所記，長崎縣內自不待言，豐岡、尾張、小濱、唐津、水戶、人吉諸藩，以及熊本、小城、大村、壹岐、山口、島根、筑後、豐後、讚岐、新潟、阿波、薩摩、筑前、對馬等地，關東以西各地均有來訪者。受其教誨者，自舊藩主、松浦詮（心月公）以下，其子之厚、籠手田安定、志佐要一郎、近藤思齋、千浦守義、浦敬一、菅沼貞風、山縣勇三郎、中村克二郎等人，明治初年舊平戶藩有名先覺者們幾乎都排列上了名字。還加上了尾張的海部昂藏、丹羽精五郎、肥後的宮崎八郎之類著名的人物。

參 考 書 目

書名索引以外的主要參考書目如下：

1. 岡田武彥著，《楠本端山——生涯與思想》，昭和34年，積文館書店。

2. 中村幸彥、岡田武彥共著，《近世後期儒家集》（日本思想大系47），昭和47年，岩波書店。

3. 岡田武彥編著，《幕末維新朱子學者書簡集》（朱子學大系14），昭和50年，明德出版社。

4. 難波征男、岡田武彥共著，《月田蒙齋‧楠本端山》（叢書日本思想家42），昭和53年，明德出版社。

5. 岡田武彥等共編，《楠本端山‧碩水全集》，昭和58年，葦書房。

人 名 索 引

書　名　索　引

世界哲學家叢書 (一)

書　　　　名	作　　　者	出　版　狀　況
孟　　　　子	黃　俊　傑	撰　稿　中
老　　　　子	劉　笑　敢	撰　稿　中
莊　　　　子	吳　光　明	已　出　版
墨　　　　子	王　讚　源	撰　稿　中
淮　南　子	李　　　增	撰　稿　中
賈　　　　誼	沈　秋　雄	撰　稿　中
董　仲　舒	韋　政　通	已　出　版
揚　　　　雄	陳　福　濱	撰　稿　中
王　　　　充	林　麗　雪	排　印　中
王　　　　弼	林　麗　眞	已　出　版
嵇　　　　康	莊　萬　壽	撰　稿　中
劉　　　　勰	劉　綱　紀	已　出　版
周　敦　頤	陳　郁　夫	已　出　版
邵　　　　雍	趙　玲　玲	撰　稿　中
張　　　　載	黃　秀　璣	已　出　版
李　　　　覯	謝　善　元	已　出　版
王　安　石	王　明　蓀	撰　稿　中
程顥、程頤	李　日　章	已　出　版
朱　　　　熹	陳　榮　捷	已　出　版
陸　象　山	曾　春　海	已　出　版
陳　白　沙	姜　允　明	撰　稿　中
王　陽　明	秦　家　懿	已　出　版
王　廷　相	葛　榮　晉	排　印　中
方　以　智	劉　君　燦	已　出　版
朱　舜　水	張　立　文	撰　稿　中

世界哲學家叢書 (二)

書　　　　　名	作　　者	出 版 狀 況
眞　　德　　秀	朱　榮　貴	撰　稿　中
劉　　蕺　　山	張　永　儁	撰　稿　中
黃　　宗　　羲	盧　建　榮	撰　稿　中
顏　　　　元	楊　慧　傑	撰　稿　中
戴　　　　震	張　立　文	已　出　版
竺　　道　　生	陳　沛　然	已　出　版
眞　　　　諦	孫　富　支	撰　稿　中
慧　　　　遠	區　結　成	已　出　版
僧　　　　肇	李　潤　生	已　出　版
智　　　　顗	霍　韜　晦	撰　稿　中
吉　　　　藏	楊　惠　南	已　出　版
玄　　　　奘	馬　少　雄	撰　稿　中
法　　　　藏	方　立　天	已　出　版
惠　　　　能	楊　惠　南	撰　稿　中
澄　　　　觀	方　立　天	撰　稿　中
宗　　　　密	冉　雲　華	已　出　版
永　　明　延　壽	冉　雲　華	撰　稿　中
知　　　　禮	釋　慧　嶽	撰　稿　中
大　慧　宗　杲	林　義　正	撰　稿　中
袾　　　　宏	于　君　方	撰　稿　中
章　　太　　炎	姜　義　華	已　出　版
熊　　十　　力	景　海　峰	已　出　版
梁　　漱　　溟	王　宗　昱	排　印　中
馮　　友　　蘭	殷　　鼎	已　出　版
唐　　君　　毅	劉　國　強	撰　稿　中

世界哲學家叢書㈢

書　　　　　　名	作　　者	出　版　狀　況
龍　　　　　　樹	萬　金　川	撰　稿　中
世　　　　　　親	釋　依　昱	撰　稿　中
元　　　　　　曉	李　箕　永	撰　稿　中
休　　　　　　靜	金　煐　泰	撰　稿　中
知　　　　　　訥	韓　基　斗	撰　稿　中
李　　栗　　谷	宋　錫　球	撰　稿　中
李　　退　　溪	尹　絲　淳	撰　稿　中
道　　　　　　元	傅　偉　勳	撰　稿　中
伊　藤　仁　齋	田　原　剛	撰　稿　中
山　鹿　素　行	劉　梅　琴	已　出　版
山　崎　闇　齋	岡　田　武　彥	已　出　版
三　宅　尙　齋	海老田輝已	撰　稿　中
中　江　藤　樹	木　村　光　德	撰　稿　中
貝　原　益　軒	岡　田　武　彥	已　出　版
狄　生　徂　徠	劉　梅　琴	撰　稿　中
富　永　仲　基	陶　德　民	撰　稿　中
楠　本　端　山	岡　田　武　彥	已　出　版
吉　田　松　陰	山　口　宗　之	已　出　版
西　田　幾　多　郎	廖　仁　義	撰　稿　中
柏　　拉　　圖	傅　佩　榮	撰　稿　中
亞　里　斯　多　德	曾　仰　如	已　出　版
聖　奧　古　斯　丁	黃　維　潤	撰　稿　中
聖　多　瑪　斯	黃　美　貞	撰　稿　中
笛　　卡　　兒	孫　振　青	已　出　版
斯　賓　諾　莎	洪　漢　鼎	排　印　中

世界哲學家叢書 (四)

書　　　　　名	作　　者	出 版 狀 況
洛　　　　　克	謝　啟　武	撰　稿　中
巴　克　萊	蔡　信　安	撰　稿　中
休　　　　　謨	李　瑞　全	撰　稿　中
盧　　　　　梭	江　金　太	撰　稿　中
康　　　　　德	關　子　尹	撰　稿　中
費　希　特	洪　漢　鼎	撰　稿　中
黑　格　爾	徐　文　瑞	撰　稿　中
祁　克　果	陳　俊　輝	已　出　版
約　翰　彌　爾	張　明　貴	已　出　版
馬　克　思	許　國　賢	撰　稿　中
狄　爾　泰	張　旺　山	已　出　版
韋　　　　　伯	陳　忠　信	撰　稿　中
卡　西　勒	江　日　新	撰　稿　中
雅　斯　培	黃　　　藿	撰　稿　中
胡　塞　爾	蔡　美　麗	已　出　版
馬克斯·謝勒	江　日　新	已　出　版
海　德　格	項　退　結	已　出　版
高　達　美	張　思　明	撰　稿　中
漢　娜　鄂　蘭	蔡　英　文	撰　稿　中
盧　卡　契	錢　永　祥	撰　稿　中
哈　伯　馬　斯	李　英　明	已　出　版
馬　利　丹	楊　世　雄	撰　稿　中
馬　塞　爾	陸　達　誠	撰　稿　中
梅露·彭廸	岑　溢　成	撰　稿　中
德　希　達	張　正　平	撰　稿　中

草	名	作	体	示及说字篆
昌	璧 盒	璧	火 水 水	釋 籀 中
帚	盒 璧	昌	柴 轟 帷	釋 籀 中
十	璧 昌	者	仇 工 柴	釋 籀 中
十	田 璧 曰	柑	村 火 枝	釋 籀 中
何	墨 音	墨	倚 明 界	釋 籀 中
徑	璧	曰 村 柑 猷	釋 籀 中
縱	墨 甲	甲	柊 木 株	釋 籀 中
商	盒	屮	尓 墨 滬	釋 籀 中
昜	墨 手	墨	樺 屮 朋	釋 籀 中
弗	墨	墨	往 織 明	釋 籀 中
串	璧 甲 墨	犒	貫	釋 籀 中
昏	十	于 一	繇 木 犈	釋 籀 中
卪	璧 徹	勅	床 床 尓	釋 籀 中
昌	徹 岸	墨	床 床 尓	釋 籀 中
村	徹	燈	木 东 枼	釋 籀 中
墨	甲	甲	心 本 木	田 曰 帳
奏	尋	尋	尓 屮 柴	釋 籀 中
暱	甲 曰	燈	丕 丕	田 曰 帳
釁	盤	丕 丕	釋 籀 中
妥	昌 徹 帷	釋 籀 中